大杉榮追想

ŌSUGI SAKAE TSUISŌ

新 編

山 川 均　岩佐作太郎　近 藤 憲 二
村木源次郎　堀 保 子　馬 場 孤 蝶
安 成 二 郎　内 田 魯 庵　宮 島 資 夫
山崎今朝弥　松 下 芳 男　有 島 生 馬
和田久太郎　土 岐 善 麿　久 米 正 雄
賀 川 豊 彦

《全16編》

解説
大杉豊

DOYOSHA EDITION

東京・代官山・土曜社版

1923 年 7 月 11 日、神戸で魔子と

凡例

一、「改造」一九二三年十一月号の特集「大杉栄追想」を全編収録した。

一、本文は、現代かなづかい、新字体、現代表記に改め、読みやすくするため、一部の漢字をかな書きにし、最小限に読点を入れた。また、明らかな誤字や誤植とみられる語句は訂正した。

一、今日からみれば不適切な表現もみられるが、発表当時の歴史性を考慮して原文のままとした。

一、（ ）内は著者による注であり、〔 〕内は解説者による注記である。

新編　大杉栄追想◉目次

目次

大杉君と最後に会うた時

――山川　均

「ヤア、どうだい」

「ウン、相変わらずだ」

十幾年かの間くり返してきたこのお定《き》まりの挨拶を、大杉君と最後に取り交わしたのは、はっきりとは覚えぬが、昨年の春先（それとも一昨年の暮ごろ？）だったと思う。何でもまだ寒い頃だった。大杉君はバンドのついた茶色の外套を着て、バスケットを提げ、珍しく子どももつれずに、朝早く大森の私の家に訪ねて来た。

「この節も独りなのかい？」

「ナニ、今日は奥山さん（お医者）にお詣りだ」

「菊栄君にはずいぶん逢わぬな。この前もいなかったよ。ほうら、いつか鎌倉からの帰りに、近憲〔近藤憲二〕と和田久〔和田久太郎〕とやって来た時さ」

「そうそう、焼豚ご持参で夕飯を食いに寄った時だな。そうだ、あれ以来逢わなんだわけだ。もうまる一年にもなるぜ」

まったくこの頃は、大杉君とも滅多に逢わなかった。大正七年の秋から、毎日東京に勤める必要がなくなったのと、ひどく健康を損じたので、私はまれにしか外出しなくなった。それで大杉君とも、落ち合う機会がまれになっていた。八年の冬には、大杉君は茅ヶ崎の転地先を見舞うてくれた。九年の春には、偶然、山崎伯爵の事務所で落ち合うた。その次が焼豚の晩だった。この頃は菊栄が病気で転地していたので、私は独りで自炊をやっていた。

「さすがに山川さんは、独りでもきれいに掃除をし、明窓浄机のもとで定めしきちんとして原稿でも書いているだろうと思うたら、雨戸が一枚しか開いていなかったので驚いた」

近藤君は不思議そうにこう言った。

「一大発見だな。由来、君なんか山川を買いかぶってるよ。おい、そうだろう」

こう言ったあとで、大杉君はいつものヒ、ヒ、ヒという罪のない笑い方をした。

四人の談は、いつの間にかロシア革命の批評になっていた。談と焼豚の尽きた頃、大杉君は思い出したようにこう言った。

「いったい、クロポトキンが『パンの略取』の中に描いたようなあんな理想的の社会が、革命後にすぐ実現するものだろうか？　君はどう思う？　すると思われるかい」

「無論、しないに極《き》まっているよ」

「ウン、僕にもそんな気がするんだ。しかし……」

この「しかし」をきっかけに、もう一度談に花が咲いた。生産者のディクテートル・シップ〔支配権〕という思想は、早くからアナキストのうちにも唱えた者がある。地方地方におけるソヴィエットの執政はよい。しかし地方のソヴィエットの権力を集中して、中央政府を造ったのが悪い。ボリセヴィキは秩序の回復を急いだために、もっと進展するはずの革命を縊《くび》り殺したのだ。外国の武力干渉に対抗するためには、パルチザンで沢山だ。赤軍の必要はない。要するにロシアを革命状態のうちにおいたまま、もっと攪《か》きまぜておれば、クロポトキンの理想どおりの社会が実現せぬまでも、もっと善い社会がその中から生まれていたに相違ない。これが大杉君の結論であった。

四人はしばらく黙っていた。

その時からもう一年以上も大杉君とは逢わなかった。今度も談はいつの間にかロシア革命に移っていた。

「今日はこれから仙台まで往くんだ」

こう言って大杉君は立ち上がった。

「しかし僕らがロシアにいたら、大体において、まああの通りをやったろうな」

大杉君は外套のボタンを掛けながらこう言った。

「そうさ、君があの時、あの人たちの代わりにロシアにいたら、精密に同じことをやったろう」

「ナニ、精密に同じことはやらぬさ。プリンシプルが違うから」

「そのプリンシプルという奴が、滅多に当てにならぬ奴でね」

「滅多に当てにならぬ奴でね」と大杉君は口まねのように繰り返した。そしてすぐそのあとから、いつもの通りのいかにも罪のない、面白そうな、ヒ、ヒ、ヒという笑い声を残して、バスケットを提げて出ていった。

＊

大杉君と初めて知ったのは、明治三十九年の暮か、四十年の春だったと思う。いつどんな機会で初めて会うたのか、もう記憶がない。四十年の春、日刊平民新聞が没落してから、私は神田の下宿屋を引揚げ、守田有秋君の居候になって柏木に引越した。その頃は幸徳、堺、大杉、深尾韶《しょう》などという社会主義の諸先輩が、多く柏木に集まっていた。大杉君と親しくなったのは、それからであった。

年の上からは、私は大杉君の先輩であった。しかしこの時分には大杉君は相当に本も読み、考えも練れていた。そして年齢以外のすべての点で、私よりも大杉君の方が、遥かにおとなであり先輩であった。早い話が、私は国の母親が送ってくれる手織木綿のツンツルテンの着物をきたほんの子どもであったが、その頃やっと二十一か二の大杉君は、木綿でない着物をき、黒の山高帽子をかぶって歩いていた。そしてこの山高帽子に包まれた大杉君の思想は、それよりももっと成熟しておった。私はアナキストとしての大杉君の思想は、この時すでに、幸徳君よりも完成せられていたように思う。だから色々の点から、私にはどうしても、大杉君が遥かに年上の人のように思われていた。

＊

大杉君は、最もよい意味での才人であった。筆を持ってもやはりその通りで、立派な論文を書く、玄人はだしの小説を書く、詩も作る、芸術論でも文芸批評でも何でも来い、いわゆる往くとして可ならざるは無しという趣きがあった。大杉君は決して薄っぺらな意味での器用のみの人ではなかったが、しかしやらせれば何でもできる――しかも何でも器用にできる人だった。その大杉君にも、たった一つ不器用なことがあった。

四十年の春だったか、私は守田有秋君と上州の佐野町に往った。飯田町から汽車に乗ると、図らず大杉君と一緒になった。翌日は大雨の中を、一行五、六名で、佐野から数里のところにある××村に往くことになった。この村には、今では知らぬもののないほど不思議によく行きわたったあの「革命歌」の作者、築比地《ついひじ》伴助という青年がいた。それで一行は築比地君につれられて、その村の機織工女のありさまを見にいった。そのころ東京では「ゼイゼイ節」〔増税節〕という俗歌がむやみにはやっていた。そして一行のうちには、有名な添田唖蝉坊氏の配下で、読売りをしていたS〔佐藤悟〕という苦学生がいた。そこでこの専門家を楽長にして、一同「ゼイゼイ節」の稽古をしようということになった。雨のたんぼ道を半日の間、「くの字なりした白髪の婆が、納豆納豆となんぎなもんだネ、咄《とつ》！　圧制、しゃがれ声、増したかゼイゼイ」と怒鳴りつづけたのだからたまらない。夕方××村についた時分には、最も熱心な生徒だった大杉君などは、もうしゃがれ声すらも出なくなっていた。

帰ってくると、この隠し芸で一つアッと言わせようというので、早速、二人で堺家に押しかけた。そして堺夫妻を並べておいて二人で合唱を始めたが、「増したかゼイゼイ」という折返しのところのほかは、二人とも、すっかり節を忘れていた。大杉君は非常に吃った。ことにカキクケコの発音をするときには、あの大きな眼をパチクリさせ、金魚が麩を吸うような口つきをした。それでいて非常な話好きであり、かつ話上手であった。しかしあらゆる方面に非凡な才能をもっていたさすがの大杉君も、歌を歌うことだけは非凡に下手だった。

＊

大杉君ほど遠目に見ている者からは怖がられ、近づいた人から親しまれた人はない。大杉君には、強い性格のどこかに、大きな魅力があった。そしてひとたびこの力に触れた人びとは、時には大杉君に不平や不満を言いつつも、結局は大杉君を離れまいとした。先頃ある新聞の記事に、大杉君は借り倒しの名人だったというようなことがあった。なるほど大杉君は、よく原稿料や印税のさき借りをしておった。しかし大杉君に借り倒された人で、ほんとに大杉君を恨んでいる人はないだろう。一度大杉君に借り倒された人は、ぶつぶつ言いながらも、その実もっと借り倒されたい気持がしたらしい。大杉君には一種の徳が備わっていた。大杉君の性格には、それほど人を惹きつけ、それほど人を親しませるところがあった。あれほどの剛情張りで、あれほど人を人とも思わぬ態度で、あれほど言いたい放題を言い、仕たい放題をし、あれほど我を押し通して、しかもあれほど人を怒らせず、あれほど人から親しまれた人はない。

「君、子どもというものは、犬のように可愛いものかしらん」。荒畑寒村君はいつかこういう質問を出した。しかし大杉君が子どもを可愛がったことは、荒畑君が犬を可愛がる以上であっても以下ではなかった。そして犬が可愛がる人を嗅ぎ分けるように、子どもはよく大杉君になついた。多くのおとなは、ギョロリとした大杉君の眼に「不穏」の光しか見ることができなかった。しかし無邪気な子どもはかえって大杉君の眼に、穏やかな光を見た。

大杉君は「多数決」が大嫌いであった。これは大杉君の理論から来たように、恐らく大杉君の性格から来ておった。大杉君は色々の意味において「非凡」であった。大杉君自身が、平凡な「多数決」の拘束を欲しなかったように、ほんとに大杉君を知る者には、大杉君を「多数決」に従わせ、大杉君を「多数決」で拘束するのは惜しかった。

大杉君の周囲には、大杉君の「説」を賛美する者よりも、「人」を賛美する者をよく惹きつけた。大杉君の力強い性格は、おのずとその周囲に、よし少数ではあっても、大杉君の人物に傾倒する全心的なディサイプルスの一団を造らせた。地球がその雰囲気に包まれているように、大杉君はいつでもその周囲に、大杉君自身のような、自分自身の雰囲気を造ってそれに取り巻かれていた。これは大杉君を大きくし、その光を強くした。大杉君は燦然として輝いた。と同時に、それはまた大杉君をして、自分自身の軌道をのみ走る彗星たらしめた。

大杉君の行動は花やかであった。人びとが大杉君の姿に気が付いて仰ぎ見るときには、大杉君はいつでも必ず問題の中心に立っていた。私は大杉君を思うごとに、常にフェルディナンド・ラッサールを連想する。

＊

私の記憶には、十幾年の間見たあの屈託のない、何かすることを求めている大きな眼と、罪のない如何《いか》にものんきそうな大杉君の笑い声がこびりついている。私にはうなだれた、心配顔をした大杉君などは、想像に描くことすらできぬ。私はいくたびも目を瞑《つむ》って、青ざめて歯をくいしばった大杉君を心に描いてみようとした。けれども陰惨な一室のドアの中からも、やはりあの罪のないのんきそうな、ヒ、ヒ、ヒという笑い声が洩れてくるように思われる。

（十月十二日）

ドン底時代の彼

村木源次郎

「葉山事件」を最後とした大杉の恋愛問題があったのち、野枝さんと二人で巣鴨宮仲に家を持った頃には、もう、親しくしていた同志の者すらまるで訪ねて来ないようになってしまっていたのです。

この大杉のドン底時代ともいうべき巣鴨の家は、後ろにだだっ広い庭があって、そこには芥だの新聞紙だのが一杯に打ち捨てられていました。でも、さすがは季節です。境界の破れ垣にそった所へは痩せこけたコスモスが一杯に咲いて、洗濯もののオシメなどを上から被されながらも、秋らしい彩りを見せてくれていました。

この荒れ庭に面した十畳の間の、日当りのいい所に布団を敷いて、生まれたばかりの赤ん坊

（魔子）を抱いた野枝さんが気だるそうに寝ていました。

もう、朝夕はかなり肌寒う覚ゆる頃だというのに、大杉も僕も、まだ中柄の浴衣の洗い晒し一枚きりです。それでも野枝さんだけは産婦だからというので浴衣の上に一張羅の錦紗――だって勿論《もちろん》はげっちょの、垢じんだのが引っ掛っていようという一寸《ちょっと》痛快な体たらくでした。あの恋人同志は、随分な見え坊でしたからねえ――。

台所の様子、また推して知るべしです。赤とんぼがヒョイと裏口から覗きこんで、

「ほい、これはお寒い」

という見得よろしく、ついと帰ってしまった後を、流しの上で、ちょん切られた大根の尾っぽが、ひょいと逆立ちでもしそうな気配を見せていましたっけ。

大杉はいい体格の男でした。が、監獄で肺を悪くしてからは薄ら寒い風など、大の禁物だったのです。おまけに僕はまた、至って病弱な男なんでしょう。それだもの、秋の白地はかなり身に堪《こた》えましたよ。で、二人ともあまり大きくもない産婦の布団の裾の方からそっと潜りこんで、絶えず身を温めていなければなりませんでした。

＊

「さア食おうじゃないか、甘そうな芋だ」

米びつに少しばかり残っているお米は、産婦のために取っておいて昼と晩のお粥にせねばならない。そこで二人は、芋を五銭で買ってきてフカシて食べる——。こんなことはよくありました。

その頃です。

日比谷の服部浜次（洋服屋で古い同志）君の娘で、お清さんという愛くるしいのが、ちょっと台所の手伝いに来たことがあります。ところがそのお清さん、三日ばかりたって逃げるように日比谷の自宅へ帰ってしまいました。

「まあ、どうしたのさ」

と、そのとき母親が尋ねますと、

「だってねえお母さん、あすこの家じゃお米を買ってくれないから御飯が炊けないじゃないの、台所を手伝うたって私も困るわ——」

と、眼を丸くしながら、呆れたように話したそうです。無理はありません。

あのころ大杉はよく洗濯なんかもやったものです。

「おい村木、ちょっと起きて野枝の粥を煮てくれないか――、俺はまた洗濯だ」

お天気の日だと、あの天神髯を生やした大杉が変な腰つきで、赤ン坊のオシメから野枝さんの汚れ物まで、きれいに洗いました。

＊

しかし、流石《さすが》に大杉は大杉でした。産婦の布団の裾に潜りこんでフカシ芋で腹を満たしながら、もう、その時、後に出した『文明批評』という雑誌発行の計画を起てていました。米が買えなくなって五銭の芋をフカシて食っているとき、しかも眼の前には収入の何の希望もないときに、平気で、さも当然なことのようにそんな計画をする彼には、ちょっと人の真似《まね》られないところがあったと思います。

二人で産婦の裾に潜りこみながら、大杉の雑誌計画のうぬぼれを笑いながら聞いていました私の耳に、

「ごめんください――」

という、しわがれ声の、低いが、しかしどこか太いところのある女の声が聞こえました。で、私はごそごそと這い出して玄関のところへ出てみますと、そこに、背の低い変なお婆さんが、

しょんぼりと佇んでいました。

「あの、大杉さんはいらっしゃいましょうか、野沢でございますが……」

うら枯れたような短い髪が、びんのところだの前の方だのにばさばさと乱れていて、垢ずんだ顔に思いきって大きな眼がギョロギョロしていますし、どうせ生活の疲れからでしょうが、その大きな眼はドロンと濁っているようにも見えて、ちょっと気味の悪いお婆さんなのです。

「大杉君、野沢というお婆さんが会いたいって来ているんだが――」

「うん、そうか」

と、大杉はすぐ起き上がって、あの見え坊な男が、済まアしていかにもその浴衣姿が自然なんだと思わせるような格好で玄関へ出て行きました。

「だれなの……」

いままでうとうとしていたらしい野枝さんが、その時ちょっと首をもたげました。

「野沢というお婆さん――あなたは知っている?」

「あら、野沢のお婆さんなの、じゃあお金をこさえてくれっていうのかも知れなくってよ。でも、いま困るわねえ――」

「どんな人?」

「村木さんは知ってるでしょう。ほら先だって死んだ野沢重吉という車夫さんがあるじゃないの。あの人のおかみさんよ。野沢さんの写真が『労働運動の哲学』の初めに載っているじゃありませんか」

「そうそう、野沢! あの『築地の親爺』とかいう――、そうですか」

私はあまり行き会わなかった人なんです。が、話にはよく聞いていました。この野沢重吉という同志は、なんでも日本に社会主義運動が起こった最初からの、最も熱烈な、不断な、戦士だったそうです。銀座尾張町の角の「尾角組」駐車場に出ていた車夫さんで、仲間の車夫さんだの縁日商人などという人びとの間では「築地の親爺」とさえ言えばだれ知らぬ者もなかったといいます。野沢君の写真の載っている『労働運動の哲学』という本の大杉の自序には、「ことに、東京における労働運動史のほとんどすべてもその生涯とアイデンティファイーした故野沢重吉君は、僕自身の中にこの翻訳的『労働運動の哲学』を生かしてくれた最も重要なる一人物であった」と、書いてあります。

＊

私は台所へ行って、野枝さんのお粥を煮ながら、玄関の次の四畳で、お婆さんが何かくどくどと話している底太い声を聞いていました。

と、声がふと止んで、大杉の奥へ行った音がしたと思うとまもなく、彼はニヤリニヤリ笑いながら台所へ顔を現しました。

「おい、また一つ行ってくれないか」

見ると、彼の手には今まで野枝さんの着ていた羽織がつかまれています。私は彼のニヤリニヤリを一種の苦笑で迎えながら、黙ってそれを受けとりました。そして、フト奥の方へ眼をやりましたが、すぐ傍にあった古新聞に羽織をくるむと、そのまま裏口からそっと出て行きました。

外は、見事に澄みわたった秋晴でした。質屋の暖簾をくぐるとき、まだ新しい紺の香が匂いました。中庭に大きな松があって、キキ、キキと身を裂くような百舌鳥《もず》の声も聞こえました。

その羽織で、案外にも五円貸してくれました。で、私はこれを細かいのにわざわざくずしてもらって、さて、帰り道を急ぎながら種々《いろいろ》と考えました。

「お産が済んだばかりの野枝さんには気の毒だけれど、これで野沢のお婆さんも喜ばせるし、このうちの幾分かを残して明日の米も買えるというものだ――」

帰ってくると、私は、台所から声をかけました。

「大杉君、ちょっと――」

彼はすぐ出てきました。

「五円貸したよ」

「そうか、ご苦労だった」

大杉はその金を無表情で受け取ると、さっさとお婆さんの方へ引っ返して行きました。そして、

「はなはだ少ないが、じゃあ今日はこれだけ――」

と言いながら、無造作にお婆さんに渡してしまいました。私は一寸ぽかんとしましたね。まさかみんなは渡すまい、せめて二、三日間の米代は残すだろうと思っていたのでした。が、しかし私は、お婆さんを送り出している大杉の後ろ姿を呆れたように眺めているうちに、何ともいえない気持――というよりは温かい血潮のようなものが、何だかこう腹の底の方から湧き上がってくるように感じてきました。そして、大杉のよくやるニヤリとした笑いが、私の

顔にも現れました。

マコよ　ゲンニイ

マコよ、独りで泣くのはおよし、
僕も一緒に泣かしておくれ、
パパに、よく似た大きなお目に、
露を宿して歔欷《すすりな》く時は、
僕も一緒に泣かしておくれ、

パパと、ママと、が帰らぬ事を、
僕が寝床で話したおりも、
マコよ、お前は頷《うなず》くばかり、
涙見せない可憐しさまに、

僕は腸絶つ思い、

パパの、よく言った戯言に、
　俺が死んでも
ゲンニイ、居れば
マコは、安心、
　大きくなる、と、
マコよ、今日から好い叔父様が、
パパの、代りにお前と遊ぶ、

マコよ、独りで泣くのはおよし、
小さいお胸に大きな悩み、
秘めて憂いの子にならぬよう、
僕も一緒に泣かしておくれ。

かたみの灰皿を前に

安成二郎

西洋の煙草盆とでもいうのか、灰皿と、巻煙草を立てておく容器と、それらを載せる盆と、チューリップの模様のある硬質陶器の三つ揃いを、私は彼のかたみとしてもらった。十月六日の夜、勤め先から帰って、机の上にそれを見いだしたとき、「これは好いな、一番好いものだなァ」そう妻に言ったが、急に胸の疼くような堪らない気がして、私はそれを目の前から取り除いた。この煙草盆は彼の鎌倉の家には無かった。逗子へ移ってから、洋館の籐のテーブルの上に置かれていた。それから駒込の労働運動社、柏木の最後の家と移るたびに、籐のテーブルの上にこの煙草盆はいつでも載っていた。

「あれは逗子で買ったんだね」。翌る朝、村木源次郎君に会ったとき、そう言うと、村木君はそうだと言った。大杉は煙草が好きで、よくマドロスパイプをくわえていたが、しかしあまり味覚の鋭い方ではなかったらしく、金口《きんくち》〔吸い口に金紙を巻いた輸入の巻たばこ〕でも朝日でも手当たりしだいに吸っていた。

野枝さんのかたみの支那扇は妻がもらった。支那の芝居の絵らしい絵のある扇だ。いつか野枝さんが私の家に遊びに来たとき、「逆輸入じゃありませんか」と、それをとって見ながら言うと、誰とかが買ってきたのだから、本物だと言ったが、たぶん大杉がフランスからの帰りのお土産でもあろうか。そのとき野枝さんの言った買ってきた人の名前は私の耳に残らなかった。

珈琲をつぶす器具が、も一つ私の家にかたみに贈られた。彼らは自分の家庭の珈琲が自慢であった。

「こんな美味いやつはどこへ行ったって飲めないだろう」と大杉が言った。

地震で銀座がなくなってからも、彼が一度そういうので、

「銀座がないからね」と私が言うと、「ナニ、銀座があったって飲めはしないよ」と彼は言った。が、彼らの珈琲は私には味が少しうすかった。

九月の十一日か二日の夜、まだ省線電車の動かないときで、私は新宿から歩いてきて大杉の

家に立ち寄った。何を話したか記憶にもないが、その夜も野枝さんが珈琲を入れてくれた。一時間ほどして私は自宅へ帰ったが、それっきり彼らに会うことができなくなったのだ。

大杉の最後に住んだ家は、私の家から三丁足らずの近くであった。フランスから帰った歓迎会の夜、野枝さんが私に、近所に家がないかというので、ボツボツあるようだから探しにおいでなさいと言うと、約束通り翌日の夕方やって来た。それで私は野枝さんを案内して探し当てたのがその家で、それが七月の二十九日で、八月の一日には越してくると言って帰ったが、一日には来なかった。どうしたのだろうと思いながら、私は二日の午後に発って白馬山へ登りに出かけた。七日の早朝に旅から帰ると、私の子どもたちはみなまだ寝ていたが、それと一緒の床に魔子ちゃんも眠っていた。大杉は五日に引越してきたが、四日に家の掃除に来た野枝さんに連れてこられて、それからずっと魔子ちゃんは泊まっているというのであった。ちょいちょい帰ったようだが九月一日の地震の日まで、魔子ちゃんはほとんど私の家で暮らした。あの子はさっぱりした子で、私の向かいの家のM氏がある日、私の家へ来ていたが、「魔子ちゃん、おじさんの家へ泊まりに来ないか」というと、「行くわ」と言っていた。その夕方、大杉と野枝さんが迎いに来ると、「いやだよ」と言っていたが、晩飯が済むとひとりでさっさと向かいの家へ行ってしまった。地震の時は、ほとんどみんなで食事の最中であったが、最初の震動が来ると、魔子ちゃんと私の二人の子とが、わーッと泣き声を上げて洗足《はだし》で外へ駆け出した。それで私は驚いてすぐにその後を追っかけ、三、四〇間ほどのところでやっと三人を引き止めたが、おかげで私は二度目の大ゆれというやつをちっとも見ずにしまった。それ以来、魔子ちゃんは私の家に来なかった。「どうして来ないの」というと、「おじさんのところは地震があるから」と言っていた。

その日、地震がやや鎮まってから、私はコダックを提げて出かけて行った。内田（魯庵氏）さんの家の前に、内田さんの家族の人たちと一緒に大杉も立っていた。内田さんは読売に大杉のことを書いて、「大杉にどこかソコラの木の下に立ってもらって、アナーキストの避難は面白かろう」と言ったが、私がそうしなかったので「安成がこの写真を撮ったら好い記念だったろうに、惜しいことをした」というように書いていられるが、実はそれから、内田さんに別れて、大杉と二人で彼の避難所へ行って、そこに椅子を持ち出して腰をかけている大杉と野枝さんを写したのだ。これが二人の最後の写真になろうとは、彼らも私も元より思いも寄らないことであった。

柏木に移ってからわずか四十日ばかりで、『物質非不滅論』の訳者は滅んでしまったが、その四十日ばかりは、彼の生涯のうちでも静かな日であったらしい。野枝さんの叔母さんが福岡へ連れて行っていた三番目の子のエマちゃんも彼らの懐に帰って来ていた。子煩悩な大杉はその子と四番目のルイズちゃんと、二人を乳母車に乗せては、夕方になるとそこらを歩いていた。そしていつも私の門口から声をかけた。

私の家と同じ番地の大久保百人町二一二番地に大杉はかつて住んでいた。その家にはいま松永という本所の方で焼け出された人が住んでいるが、恐らくそれは保子さんと住んだ最初の家であったろう。ほとんど私の家と狭い路地を隔てて斜めに裏合わせになっている家で、私はそこにも彼を訪ねたことがある。もう十二、三年も前になるだろう。それから大杉は、中央線を東に越した百人町三五二番地に移って、雑誌『近代思想』もそこで発行した。佐藤緑葉、土岐哀果、和気律次郎の諸君がよくその家にやって来た。社会主義研究の会も毎週その家で開かれ、神近市子君もその会に顔を見せた。そういう色々の思い出のある家の付近を、大杉は毎日のように乳母車を押して歩いていたのだ。（そこで私は、そんなことで大杉がいくらか感傷的な気分でも味わったのではないかと思う。だれでも感傷的な気分になっている時には、よく死神にとっつかれるものだから——）。

担ぐようだが、大杉は今度が三度目であった。日蔭の茶屋で刺された時、私は千葉町に住んでいたが、東京の友人から、「オオスギカミチカニササル」という電報が来た。私は葉山の病院に出かけて行った。誰かが大杉の枕頭に座っていて、「俺ならもっとうまく刺すんだが、惜しいことをしたなァ」と言うと、彼も苦笑しながら、「まったくだよ」とかなんとか言っていた。その時は笑ってもおれたが、二度目のチブスでは、とても駄目だろうというところまで行った。その時には、脳貧血でいつも卒倒するほどつとめた一人の看護婦と、お産後一週間目で鎌倉からやって来た野枝さんの注意で助かったのであった。

野枝さんはお産はいつも軽く済んだそうだが、今度のネストル君は少し早産で、いつもよりは重いと言っていた。それでも普通の女に比べてはずっと軽かったらしい。慶應に入院している私の妻を見舞いに来てくれたのが、お産後十四、五日目であった。お産が八月九日であったから、普通なら九月の十六日にあの混雑する電車で遠い鶴見まで出かけはしなかったろう。早産をしたのは、その二日ほど前の晩に、縁側でルイズちゃんにお湯を使わせて、その盥《たらい》の湯を庭へ捨てるとき、「盥と一緒に庭に落ちて、ドシンと尻もちをついちゃったんだもの」と、野枝さんがあとで笑って話した。

鶴見へ出かけたのは、不思議に色々の条件が二人をあの日に誘い出したのであった。横浜に住んで、川崎の東京電気〔現、東芝〕に勤めていた大杉の弟の勇《いさむ》君の安否を二人は非常に心配していた。横浜も東京電気も地震で全滅したので、どっちにいても、こんなに消息のないのは十中八九駄目なのだろうと言っていた。ところへ五日に出した勇君からの無事のたよりが十五日についたのだ。それと、も一つは、大杉はその頃ひどく貧乏していたのだが、十五日に野枝さんが出かけて二〇円こしらえてきたのだ。もしどっちかが食い違えば、十六日には勇君が、腫物が癒ったので、柏木へ来る都合であったのだ。(が、あんなに狙われていたのではいずれはあんな運命をのがれなかったのかも知れない)。

大杉の実際運動の方面に、私はほとんど接しなかったが、彼の性格は私にとって一つの驚きであった。で、私の乏しい創作の中に、彼を主人公にしたものが三つある。そのうち一つしか、私はまだ発表することができずにいるが、その発表した一つは「冷笑」と題する三〇枚ほどのもので、この主人公は、自分の理想を実現するために、自分が不合理とする社会に許されているすべてを、利用するだけ利用する。そして自ら不合理と認める社会組織を、自ら利用する態度を責める相手を冷笑し去るのだ。一つは、日蔭の茶屋の事件を描いたもので、主人公を殺そうとして出かけた女が、主人公の強い性格にうたれて殺すことができず、かえって自ら死ぬ経路を描いたものだ。

山川君と荒畑が雑誌『青服』の出版法違反の下獄から出てきたとき、出迎いに行った私は、久しぶりで大杉に出逢った。そして私たちは連れ立って、上駒込の彼の家に出かけた。それは田端で火事に遭って引越した家であった。大杉は道々その火事の話をした。彼はその晩、変な友人と銀座で逢って、一緒に吉原へ遊びに行ったのであった。銀座へ行くとき尾行をまいてしまったので、途中浅草の黒瀬春吉君のところへ行って、そこの尾行に吉原の何とかいう家に案内をしてもらったのだが、夜中になって、揺り起こされた。象潟《きさかた》署の高等視察がやって来たのである。大杉は取次からその名刺を受けとると、わざとびっくりしたようにぶるぶる震えながら女に抱きついて、実は俺は大泥棒だが、いよいよ年貢の納め時が来てしまったとか何とか、でたらめを言って女をおどかしたのである。すると、そこへ高等視察が上って来ると、大杉は、こんなところへやって来るやつがあるかと怒鳴りつけたところが、役人は、ご愉快のところを誠にすまないが、実は田端のあんたの家が丸焼けになったという電話が田端の方の署から象潟署にかかったというのである。その話を私は「丸焼け」という短篇にしたのである。

ある人は「大杉の死はわれわれの運動途上の一出来事である。その死骸を踏み越えて進まなければならぬ」というように言った。が、実際運動に遠い私にしてみれば、大杉の死は償うもののなき寂寥である。今は、とても彼の死骸を踏み越えて進む勇気がない。これまでも、ずいぶん長い間彼に逢わずにいたことがある。が、彼がどこかに生きているということが、友人の乏しい私には、頼みであった。今はもう大杉はいないのだ。私はこれから色々の形式で、彼を自分の創作に生かしていこうと思っている。

（十月十三日午前六時、夜警から帰って）

外二名及大杉君の思出

――山崎今朝弥

一

この表題で一度原稿を書き終わったのは十月七日の夜であった。その原稿ではまず大杉家の系譜を掲げ、栄と栄の妻伊藤野枝と、栄の末妹あやめの一子宗一《むねかず》（七歳）とが、大正十二年九月十六日夜、麹町区大手町一丁目一番地で死んだこと、栄ら兄弟と陸軍中将山田保永とは三親等の姻族、陸軍中将現京都師団長前憲兵司令官山田良之助とは四親等の血族であること、幼児宗一は米国人でもあること、その他色々のことを明らかにし、もってその筋があくまでも秘《かく》さんとしたところを意地悪くバラさんと試みた。

しかるに九月一日の激震は事とっさに起こり、その震動きわめて峻烈にして家屋の潰倒男女の惨死幾万なるを知らず、あまつさえ火災四方に起こりて災焔天に沖《ひい》り京浜その他の市邑《しゆう》一夜にして焦土に化したが、十月八日の解禁〔殺害報道の〕は事やむなきに出で、その範囲きわめて案外にして、折角の苦心屁の足しにもならず、あまつさえ公判の結果は疑実四方に起こりて新聞天下にあまねく、系図その他の逸話一朝にして陳腐に属した。で、またここに表題を鶏肋《けいろく》するほか稿をあらためるのやむなきに至った。

が、大杉君には詳しく詳しい自叙伝もある。長い長い間、其日其日《そのひ》の生活は新聞雑誌の種になったりまたは生活の種にしたりしていた。特に最近の最後では、問屋といえどもその倉庫を空にさせられた傾きがある。で、ウマ味カラ味は到底及びもないが、でも永い間の間柄であったを楯に、なるべく珍味のところを盛れるだけたくさん盛ってみる。言いおくれたが僕の受けた注文は、大杉君の逸話または思い出を十枚ばかりというにあった。

二

大杉君らは確かに殺されたに相違ない、がイクラ考えてみてもホントに死んだとは思えない。

大杉君の柔道の先生で、坂本なんとかいう宮内省の御役人〔坂本謹吾〕が、大杉の腕前ならイクラだまし討ちでも手を縛られたでないかぎり、三人や四人では到底ノドを締めきれるものでない、と杉浦翁に話したときいてからは、いっそうますます、あの男のことだから人騒がせに、今にまたヒョックリ生きて出るかもしれない、などとも考えてみたが、今に出て来ない。

大杉君は倨傲狷介縦論横議というが通り相場だった。またその点はその通りに相違なかったが、現に目をツブって静かに往時を思い出すと、出てくるものはいつも、野枝さんとマコと揃うて、軽い悪口を叩きながら、紅茶をすすって上手に世間話をする、洋服姿のニコニコ顔で、どうしても、目を瞋《いか》らし腕を振り声を張り、不意に飛びつく大小幾十の猛獣を相手に縦横無尽に荒れ狂い、血を吐くごとく泣き叫ぶ女子供をかばう、妖怪でもなければ、衣類は剥がれ着物は取られ血みどろになって奥底深く井戸の中より現れ出たる、足のない化物でもない。また訥々として、優も美も血も涙もない、まったく鬼畜にひとしい残虐無道の行為、歴然として栄達利欲を念とし、判然として思慮信念を欠く無知陋劣の行為とうとうバレルまで逃げ通し、かくし通したその上で、なお責任を上下左右に転嫁し、道連れまでこしらえる卑怯未練の行為、入れ智恵にせよいったん引き受けながら、惜しくなり怖くなり、ただもう軽くなりたいばかりに、いっそう大きな泥を塗り恥をかき男を下げる行為を、怨めしや怖めしやと責めなじり、かき口説く幽霊でもない。

さらに再び目をツブれば、今度は保子さんと二人で金借に来て、苦労性の世話女房にのみ物言わせ、自分はニードの広告よろしくドス黒いズルそうな顔で黙って目を光らしている和服姿が出て来た。

三

大杉君と最後に別れたのは八月末、機械連合の大会が協調会にあった際であった。その時は珍しく一人で来て二人で飯を食うて大勢で柔和《おとな》しく帰った。別に覚えてるほどの話はなかった。で、ホントの最後の会合は、仏国を追放されて帰るとまもなく、例の三人でやって来たときである。妻のいる間は、仏蘭西《フランス》の話、浮世の話、子どもの話で、菓子を平らげながら時間をつぶしたが、妻が下へ降りると、洋行の用向、秘《か》くして行ったわけ、旅費調達の苦心、今後の運動方法などを語り出した。その間マコと堅公（僕の独り子で、もし僕と共にこれを殺しでもする者があれば、少しでもこれに関係あるその者の九族は、その老幼たると男女たるとを問わず、立ちどころに必ずこれを亡ぼし尽くしてみせるというほど僕が可愛がっている九歳の子）とは歌ったり踊ったり泣いたり笑ったり喧嘩したりバカにハシャギ回っていた。

三角問題では服部浜次君が野枝党、宮島資夫君が神近党の旗頭で、僕は保子派と目されていた。でも僕はいつ頃からか、とうの昔に神近さんとも野枝さんとも気持よい仲になっていた。僕の妻は保子さんへの義理立てばかりでなく、どうも野枝さんと相許す間柄というほどにはならなかった。大杉君も野枝さんも素振りでこれを知っている。で、野枝さんは僕からみると気の毒なほど、僕の妻に下手に出ていた。この日も野枝さんは来るなり堅公にマコを謝らせようとした。去年僕と妻とで堅公を連れて鎌倉へ行ったとき、帰りを送ってきたマコと堅公とが停車場で大喧嘩をし、双方の両親と尾行とが総出でようやく引き分けた。その後二人は久しく正義を主張して相譲らなかったが、今年の初め頃からマコが悪かったから堅チャンに謝りにいくと言ってる、という野枝さんの話であった。マコは今日初めてその機会を得たわけなんだが、野枝さんが色々の心尽くしもその効なくマコはどうしても謝らなかった。

四

大杉君にも多少因縁話がある。先日朝日で志賀重昂翁が、ちょうど百年前の九月十六日に、モルモン宗の始祖モルモンが、同じく「××××××××××、××××××××××」と暗に、あるいは明らかに甘粕某を悪罵したと記憶する。大杉君はコンナことは知らなかったろうが、何の因縁かモルモン宗やその宗祖の話をよくした。軍隊に殺されることと憲兵に殺されることもすでに多少の縁があるのに、三人で殺されるとはいっそう縁が深い。マコと宗一君、男と女の相違はあっても七歳の幼児たることは同じだった。

かつて大杉君が警視庁に狙われ、検挙につぐの検挙で、続いて七回も検事局に送られたがイッカなヒッかからず、いずれも不起訴で一つも物にならなかった。ソコで警視庁では二、三年前によそで捨ててあった屁のような事件を新たに千葉から拾ってきて、とうとう物にした。この悪辣執拗の行為にたちまち義憤を発し敢然起って大杉君のために、その人格の高潔さとその識見の非凡とを極力高調弁護した塚崎直義君が、今や遥かに幽明境を異にし、かえって天職と営業とのため、その人格と識見とを云為《うんい》せざるを得ざることもまた塚崎君努力と信仰との結果が調書および公判に表れざる、共犯範囲と命令範囲とを、うすうす世間に明確ならしめ、別に犯人の不誠不純不男不士不道不人と、寄ってたかっての打合せが不充分であったこととを暴露し、もって塚崎君のいわゆる人格高潔識見非凡なる大杉君をしていささか瞑するに足るところあらしめたのも何かの因縁であろう。

大杉君の裁判官が、大杉君の妹の亭主の兄の妻の妹の夫の祖父の従兄弟の養家先の兄の孫であることも多少の因縁がないとはいえまい。そのまた裁判官が仲間割れの結果やめることにでもなればなおさら因縁というものだ。

ついでに僕にも因縁がある。宗一君の母のあやめさんが未成年のとき、父少佐の遺族扶助料を取るためだったか、または遺産相続放棄のためだったか、大杉君はあやめさんの後見人、堺君と保子さんと誰かは親族会員、僕はその後見監督人であった。

僕が茅ヶ崎で地震軍人火事海嘯《かいしょう》の災厄を免れ、焼跡見物に帰京して事務所の丸残りを知り、腰も抜けんばかりに驚いたが、何もかも一切天佑と諦め、さっそく人無事家安全、知人の消息早く知りたし、の新聞広告を出したら、イの一番に和田久太郎君から労運社〔労働運動社〕の消息と共に大杉一家無事安全の報告があったが、その手紙の日付が九月十六日午後八時で、着いたのが大杉君と野枝さんと子ども一人が確かに一昨夜憲兵隊内で将校多数立会のうえ惨殺されたと報告してくれに新聞記者が来たときと同時であったことも何かの因縁か。

五

あとわずかで制限に達するから今から駆け足だ。大杉君があの最中殺されるすぐ前、荒畑君と吉川守邦君との留守宅を見舞うたを虫が知らせたのだという者もあるが、大杉君でも堺君でも公私は決して混淆しなかった。犬猿ただならぬ両君の間でも、運動上のことや天変地異の挨拶にはよく往来をした。チブスの見舞いには僕と堺君とでセントルカ〔聖路加病院〕へ行った。盲腸炎のときには僕と大杉君とで森ヶ崎へ行った。共産党事件〔堺ら共産党関係者の一斉検挙〕がなかったら今度も堺君が真ッ先に奔走してくれたろう。が、双方いずれも申し分はごもっともながら、とにかくあの間柄で永遠に仲直りのできなかったのは双方のために何より惜しいことであった。

大杉君にもアレでなかなか人間らしい――といえば人聞きが悪いが――シオらしいところがある。あの当時はアレで保子さんを避けて歩いていた。一度売文社で保子さんに遭遇して退《の》ッ引きならなかったとき、隠してくれ隠してくれとばかりに人の後ろに隠れたことがある。貧乏で花の咲いた当時、飯はいま食ってきたなどウソをいうて遠慮したこともある。僕に隠して

——野枝さんに隠したか否かは知らぬ——その後一、二回保子さんに金を送ったらしい形跡がある（保子さんと大杉君との間は、馬場孤蝶さんや堺君が脱退後、僕が解決係となり、済んだその後もすべて僕を通して交渉談判することになっていた）。返すつもりの気でもあったのか、月賦にしてくれの待ってくれのと初めのうちは借金の言い訳をしたこともある。あまり只《ただ》の客が多く行くので布施弁護士と奥山医師に気の毒でたまらないなどいうたこともある（そのくせ夫子自分はどの組だったろう）。

大杉君が尾行の遺族から死亡の通知を受けた話、あまり賞揚《ほめあげ》られて塚崎君を忌避した話、スパイを放ってスパイを押さえた話などはいずれ自叙伝に出るか出たかだろう。遊里へ足を入れても決して身を入れなかった話は、その発見者たる和田久さんでも書くだろう。

手紙判断演説判断、サテはまた被告ップリ交際ップリ喧嘩ップリ、十八番話に御免話、強情我慢意地ッ張り、自慢高慢稚気自惚、失意時代の逸話や得意時代の失敗談、ズルイ話図々しい話、負け嫌いで食わず嫌いの話などは到底今日の埒には明かない。

（十月十三日）

無鉄砲、強情

和田久太郎

大杉君は偉《おお》きな体の持ち主だった。したがって精力家だった。機に臨み変に処して、後から後からといろんな計画を起ててゆく点は、実に驚嘆に価《あたい》した。われわれの運動の先頭に、中心に、あるいは背後にさかんに活躍した。よく読み、よく書きもした。

しかもそれらの万事のやり方がいかにも無鉄砲で、性質が至って強情で、わがままで、おまけに放縦だった。自分から「俺は道徳よりも放縦を尊む」と言っていたほどだ。

僕らにとっては大杉君は偉い男だった。しかし、「偉人」なんて呼ばれるような嫌な男では決してなかった。彼をそう呼ぶような人がもしあるとすれば、それはあまりに大杉君が可哀想だ。「偉人」なんて漢語には、あの黴臭い道徳の匂いがプンプンしている。大杉君はあの臭いが大嫌いだったのだ。彼はもっと人間味のたっぷりしていた男だ。

＊

「大杉はあまりに傲慢で強情だから、どうも始末にいけない――」

「大杉の無鉄砲、上っ調子にも困ったものだ――」

　堺利彦、山川均というような人びとから、彼はよくこう言われてしかめっ面をされていた。実際また、大杉君の傲慢な強情な態度は著しかった。よくその点を理解しているつもりの僕らでさえ時々は癪に障るようなこともあったくらいだ。

　だからといって、大杉君の体からあの強情とわがままをとり去ったなら、恐らくそのときは、同時に大杉君のもつ全てのものが零になっただろう。敵に対してどしんどしんとぶつかっていくあの勇姿も、日夜、書き、叫び、画策し、飛び回って倦まなかったあの精力も、みんな同時に消え去ってしまっただろう。

　そう完全な人間なんてあるものじゃない。あったら嘘だ。問題は、その人間の欠点をどこまで許せるかだ。その欠点を蔽《おお》いかくしてなお光り輝く他の美点をどこまで買ってやるかだ。

「なあに、駄目なことがあるものか、やってみろ、力かぎり押し通してみろ、きっとやれるものだから――。物事は半分どこまでの見込みがつけばそれで充分だ。二、三分の見込みさえあれば半ばどころまではやり通せるものだ。やってみろ! ぶつかってみろ!」

これが大杉君のやり方だった。その哲学だった。

たしかに無鉄砲だ。が、彼はその無鉄砲で立派にやり遂げる経験を積んでいた。もちろん、無鉄砲の失敗も多くやったが、大杉君は自分でそれを決して失敗とは言わなかった。しかも、それが単なる負け惜しみではなく、心からそう信じている人だった。

「なに、失敗だと? 馬鹿な奴らだな。俺たちがどんなに大きな収穫をしたか、腕組みしていてどうして知れるんだッ」

無鉄砲の失敗を笑う輩に対しては、こう豪語しながら、せっせと彼は次の計画を進めていった。

*

大杉の無鉄砲な行為、強情な態度――。それらによって僕たちは、どれほど教えられるところがあったか知れやしない。

僕は元来ごく貧乏な家に育ったので、その境遇が僕をして随分な卑屈者にしてしまっていた。

妙にねじくれた、ケチな強情者に出来あがっていた。そして、そのねじくれた強情からだんだんと社会主義者の仲間に近づいてきたのだった。大杉君は、僕のこの妙にねじくれた強情に見どころでもあったものか、僕の卑屈なところを除かせようとして、ずいぶん努めてくれたように思う。

そのうちに僕も、見よう見まねの無鉄砲な行為の中から、辛うじて己の力をつかんでいけるようになってきた。敵にぶつかっては多少の傷を受けるが、しかしその尊い経験によって身の内からさらに新しい力の湧いてくる愉快さを悟るようになり、敵から受ける多少の傷の痛みにも一種の痛快味が味わえるようになってきた。有難いたまものだ。

＊

「君はあまりに乱読しすぎるよ。そんなに頭の中へゴミを詰め込むのは止すがいい。あまりいろんな本に迷わされると引っ込み思案になるものだ。

それから、これはよくだれでも言うことだが、本に読まれちゃ駄目だよ。厚い本だって肝心なところはほんの滴ほどだ。その滴だけをしぼり出して飲んで自分の滋養に役立たせばいいんだ」

以前、こんなこともよく言ってくれた。

＊

「おい和田久、僕は近くこんな論文を一つ書いてみようと思うんだ。それはね、人の議論を読むなり聞くなりしてみてだ、その議論がいかにももっともらしく書かれていたり聞こえたりしたなら、その議論の中にはきっと『まやかしもの』が含まれているという主張なんだ。どうだ、面白いだろう」

ニタニタ笑いながら、ごく最近こんなことも言っていた。

＊

大杉君は、遠慮深い人間だとか、謙遜家などは大嫌いだった。そういうことを有難いもののように言う人たちに対しては、ことさらに自分を無遠慮、わがままに振る舞うような癖があった。

また、われわれの集会や研究会の空気をして、自由な、無遠慮な、愉快の空気のみなぎるように努めた彼の功績は著しい。彼はそうした場所のかた苦しい空気を破るために、わざわざ帽子をかぶったまま、そして煙草を吸いながら、座談的に講演したことがよくあった。ある人びとはそうした行為を見聞きして、「実に大杉は上っ調子でいけない」と、苦り切っていた。

＊

大杉君は我儘《わがまま》者だったが、また、他のわがままも喜んで受け入れる男だった。

「お互いがウンとわがままになればいいんだ。そして、そのうえでお互いが腹の底をぶちまけて自由に話し合えば、真当に正しい理解をみんなが持つようになるんだ。そこから自由で愉快な社会が出来あがるんだ」

これが大杉君の持論だった。

＊

「クロポトキンという爺さんの人格には敬服もするが、僕には奴の謹厳然としたところがどうも気に喰わないんだよ。僕はもっと放縦なところのある人間の方が好きさ。

そこへいくとバクウニンだねえ、あ奴は随分やりっぱなしな無鉄砲な人間だったとみえて、友達という友達には借金のしっ放し、迷惑のかけっ放しで各国を飛び回り、煽動をし歩いていたんだね。だからツルゲーネフなんかは、バクウニンは下劣な奴だ、怪しからん奴だなどと、さかんに他の友達へ悪口の手紙を出したようだ。

しかし、そのツルゲーネフやその他の友達が、プンプン怒ったり毒づいたりしながらも、やはりバクウニンの死ぬまで運動費やその他の援助をしていたのだからなあ。『バクウニン遺稿』の序文を書いている友達は、とにかく彼は不思議な男だった、平気でわれわれに随分ひどい迷惑をかけたが、どこかしら真面目な偉大な魅力を持っていて、癪に障りながらも憎めない男だった。と、言っている」

食べたままのお膳も片づけないで、大杉君は愉快そうに話しだした。

「なるほど、君が好きそうだなあ――」

と、その時ふと口から出かけたが、やめてしまった。そして、彼の大眼玉が嬉しそうに輝くのを眺めながら、僕は腹の中で独りで笑っていた。

＊

あの図々しく、ふてぶてしい大杉君が、不思議にもまるで、小児のような羞《はにか》みを時折見せることがあった。それは、稲妻のようにさっと来てすぐ消えてしまう類いの、ほんの一寸《ちょっと》したものではあったが、しかし見逃してしまうにはあまりに鮮やかな羞みようだった。

子ども時代の腕白自慢をするときだの、女の話だのをするときに、どうかした加減であのドス黒く脂ぎった顔の上を美妙な色彩がさっと走る——。オヤッと思いながら、僕はじっと彼の顔を見守るようなことがよくあった。

その大杉君が、『獄中記』の中でこんなことをも書いている。

「僕は元来ごく弱い人間だ。もし強そうに見えることがあれば、それは僕の見え坊から出る強がりからだ。自分の弱味を見せつけられるほど自分の見え坊を傷つけられることはない。傷つけられたとなると黙っちゃいられない。実力があろうとあるまいと、とにかくあるように他人にも自分にも見せたい。強がりたい。時とするとこの見え坊が僕自身の全部であるような気もする。——」

＊

見え坊から出る強がり、痩せ我慢——といえば、こんな話もある。

ある年の夏、彼は東京監獄に入れられていたが、一日非常に南京虫の多い監房へ移されてしまった。初めのうちは一匹二匹とひねり殺してはみたが、とても殺し切れない。敵は後から後からと襲ってくる。

「よし、今夜は一つ俺の体を南京虫に任せて、どれだけ我慢のできるものか試してやろう。こりゃいい修業だ」

フトこう考えついた彼は、わざわざ起き上がって素っ裸になり看守に気を配りながら、そうと元のせんべい布団にくるまった。

「やってみたまえ、ちょっとオツな気持がするよ、最初、虫がむずむず這い回ると、ぞっとしたようになって体じゅうが粟立ってくるし、それにまた、あいつに噛まれた痕は骨の中までも痒さがとおるように感じるからな。自然と手がそこへいこうとするやつを、糞ッと思って、ウンと下っ腹に力を入れてじっと堪えるんだ。そうして朝まで堪え通したときには、ちょっと痛快だったね」

こういう風の強がり、痩せ我慢の鍛錬は、軍人の家に生まれた大杉君が、小児の時からよくやった方法だったろう。

可愛い男大杉栄

悪口言われても悪い気はしない

――賀川豊彦

私が最初大杉君と会ったのは、大正九年の秋であったか、改造社主催の厨川《くりやがわ》白村氏と私の歓迎会が銀座のパウリスタの二階で開かれたときであった。

大杉君はその日の朝、監獄から出たばかりで、カラーもネクタイもなく、白いハンカチを首に巻いてカラーの代用にしていた。あの可愛い吃りの口つきで、「入獄者の手引を教えてやらねばならぬ。俺はそれを書く」と言うていたが、その後、望月桂氏とそれを実現した。

ちょうどそこに堺枯川君も、そのほか社会運動界の猛者連がたくさん集まっていたので、監獄生活に色々と花を咲かせた。大杉君は、出獄後女と食物を慎まねばならぬと言い、堺君は獄内で色情があまり猛烈に起こらないということを話していた。

大杉君は第一印象から「可愛い」人だと思った。その顔は淋しい濁った輪郭がないでもなかったが、少しも憎らしいところを発見しなかった。快活で、明け放しで（自分の性欲生活までも少しも隠し立てしない）、賢い人だと思った。

その翌晩私は神田の青年会館で演説することになっていた。話がなかば頃になってしきりに弥次る男がある。それで私に同情ある聴衆は「あいつを殴れ」と総立ちになった。すると、その男はつかつかと演壇に近く、進み出て来た。よく見れば大杉君だ！　昨夜は仲よく話した大杉君が、今日は私の演説会を弥次りに来ているのである。それで、私は大杉君をさし招いて、「僕の話が済むまで待ってくれたまえ、話は後でしょうや」と言うと、「いやだ、ここで、話したい」と言う。「それでは、話したまえ僕の演壇を君に明け渡すから」というような意味のことを述べて、私は引き下がった。

聴衆はびっくりしている。大杉君は、なんでも数年来、その時のような聴衆に話するのは初めてだったとかで、十数分も話していたようだった。そして言いたいことを言うた後に、臨監の警官が「弁士中止」を命じて、大杉君は、弁士室に入って来た。そして大杉君は、フランスの議会の例を引いて、「演説も会話的でなくてはいかぬ、一人が一時間も、二時間も一本調子で喋るのは専制的だ。聴衆と講演者が合議的に話するのが真のデモクラチックなやり方だ」と教えてくれた。私はそれに感心した。ただ、私は「それが小集会には適するが、大衆の場合には混乱に陥る恐れがある」と言うた。大杉君は風習までにアナキズムを注入することに努力しているのだとはその時に私の感づいたことであった。それで、大杉君の一派が裁判官の前で起立しないことくらいはあたりまえだと知ったことであった。

その後大杉君は『労働運動』紙上で、二、三回も、私の評論を書いた。その評論が、『正義を求むる心』の中に入っている。大杉君は僕を「カガワ」と呼ばないで、「バ」の字を付けて「バカガワ」といたずら呼びをしたり（この種の大杉のいたずらは望月君の合作に最もよく出ている）、私の無抵抗主義を罵り、私に「偉大なる馬鹿」と形容詞をこうむらせた。

しかし大杉の馬鹿呼ばわりは、私には少しも悪感を催させなかった。なぜなら、大杉は人を馬鹿という代わりに、人の善いところもよく知っているからであった。僕をぼろくそに言うておいて、ひょっくり神戸の私の宅へ大杉君は訪ねて来る。大杉君は一度は一人で、一度は魔子ちゃんをつれて私の宅へ来てくれた。

その時の対話などをいま考え出してみても大杉君が、人を害するような人物でないことを私は考える。

大杉君と僕が話することは大抵いつも生物学のことであった。大杉君はダアウィンの『種の起原』の翻訳者であり、ファブルの『昆虫記』の翻訳者である。ファブルは私の家から英訳を持って帰って、英仏対照で翻訳したらしい。大杉君は、日本の生物学の知識の発達について色々話していた。ド・フリースの『趨異説《ミューテーションセオリー》』〔突然変異説〕を翻訳したいと言うていた。

その時だった。「大杉君、君の学説は何というて定義すればよいのだね?」と私の質問したことのあったのは。

それに対する大杉君の答は簡単であった。曰く、「個人主義的《インディヴィジュアリスチック》サンジカリスチック・アナキズム」。

大杉君が「個人主義」と「サンジカリズム」とを並行せしめるところに彼の面目がある。その後私は大杉君としばしば会う機会を持っていた。しかし、うちで話をした時のように悠然話のできなかったことを残念に思う。

彼が、子ども思いであったことは、魔子ちゃんを彼の旅行に連れ回っていることであった。二度目に大杉君が魔子ちゃんを宅につれて来てくれた時に、魔子ちゃんは、私と妻の前で「革命歌」を歌ってくれた。

大杉君が日本脱出記の中に、魔子ちゃんのことを思い出して書いてあるが、私は彼の愛児本能を思うて涙の眼に泌《し》むのを覚えた。

主義としては、大杉君はクロポトキンの直弟子であったらしい。別に大杉特有の学説というのもなかったようだ。経済学説としても新しい説も出しておらぬ。そのあたりはバクニンによく似ている。

しかし彼は常に理想主義的で、反マルクスであったことは疑うことができない。彼が理想主義的であったところは彼がレニンに楯つく勇気を持ち、常に少数でありながら、彼の理想に突進する勇気を持っていたことを見てもわかる。そこいらは私と大杉君との近似値のあるところかも知れない。ただ大杉君と私の大きな差は、私が暴力の無能を徹底的に主張するに対して、大杉君は暴力の効用をあまりに強く信じすぎている点である。否、あるいは賢い大杉君のことだから、暴力の効用を信じていないかも知れないが、その表象的意味をソレル的に信じていたかも知れぬ。

しかしソレル的暴力の意味は実にスコラ学者のみの理解し得るものであって、私は絶対にソレルのような暴力表象説を信じない。

私はバクニンの失敗の跡を鑑みて、恐怖主義に向かって警戒していた。しかし数年前、日本の一部の主義者の間にはテロリズムが流行したことがある。私はそれを嗤《わら》った。今もそれを嗤っている。暴力主義は主義運動には悪い歴史を持っている。そして、大杉君が、今その反動的暴力主義者の手によって倒れなければならぬことになったことを悲しむ。

しかし、大杉はその主義のために倒れたことを喜んでいよう。私も大杉のために喜ぶ。ただ、かくして、わが日本が混乱の中に何の光をも見いだし得ないとすれば、私は愛する日本のために悲しまざるを得ない。

主義として、大杉君の思想は××××××××。しかし、私は労働組合の実際運動に関係していて、無秩序に陥りやすい傾向ある群衆を対手《あいて》にして、個人主義的アナキズムはよほどの危険を伴うものであることを思う。道徳が本能化したる場合に大杉君の思想が実現する。道徳の本能化というのは暴力がすべて忘れられ、人びとが盗まず、貪らず(剰余価値を求めず)、殺さず、姦せざる日に大杉君のいう世界は可能である。この点から言えば、私は漸進的に歩むことの必要を常に考えた。

私はマルクスの学説の真理を考え、マルクスとバクニンの衝突の歴史を考えて、ボルセヴィキ派とアナキスト派の対立を悲しんだが、私は実行手段においていずれにも賛成しないが、ただ一つアナキスト派があまりに理想に走りすぎて、組織の必要を忘れたことを悲しむ。さればというて、ボルセヴィキの一党派専制の執政官制度に私は賛成しがたい。私としては、質実なる労働組合が社会の中核となり、その組合の自由を基礎として、新社会を建設せらるべきものだと思うている。そのためにはあまり専制であっても困るし、あまりに無組織であってもならぬと思う。私はやはりギルド中心主義を主張する。そして、ギルドがサンジカリズムに似ている点はその理想主義にあるだけそれだけ、大杉君の暴力説を否定しながらも私が、彼と自らを親しきもののように感ずる点である。

大杉は殺されて井戸の中に投げ入れられた。しかし彼の人なつかしい、親しみのある社会改造の理想はそんなにやすく葬られ去るものではない。彼の大きな眼は永遠に我らの行道を見守っていよう。××××××××××××××××××××××。真×ル××××××。××××××××××××××××××××××××××××××××××。

（一九二三・一〇・一七・長崎丸甲板にて）

飯の喰えない奴

——岩佐作太郎

「叔父さん、大杉さんが殺されたという号外を見てよ」と、去月二十日の朝、使いから帰った姪はあわただしく言う。また例の噂かと思う。

「どこで見た?」「下渋谷の電柱に張ってあった」「それは書いた張紙か、それとも印刷したものか」と聞くと、「時事新報の号外で印刷したものだ。そして自宅の二階で親子四人が何人とも知れず、銃殺されたのだ」というにあった。

自宅二階! しかも加害者不明! そんな馬鹿なことがありようない。けれども時事新報とてもまんざらないことは書くまい、僕らは思わず顔を合わせた。

多年一日のようについていた尾行は震災と同時にバッタリと来なくなった。それに日に少なくとも二回、多い時は四、五回も必ず姿を見せた制服も来なくなった。それゆえ彼らにただす詮《す》べもない。「今度つかまればどうされるか分からない。私どもの方ではいかんとも手の出しようがないのだから、外出は断じてしないよう」と、その筋の役人がわざわざ来ての忠告だ。こういう時こそ「尾行があれば」と思う。

すぐ妻を見にやった。妻は青くなって帰ってきた。「大杉さんはほんとうにやられたんですと、野枝さんとあやめさんの子どもの宗一さんも一緒だと、それに加藤一夫さんと、平沢計七さんもやられたらしい」と、言うのであった。

大杉がやられた、加藤も？ 僕は頭をガンとやられた。彼らは元より畳の上で往生しようとは思うていまい。だが今やられては！ 大杉ばかりか、加藤も？ 茫然自失した。

「今朝の新聞に重大事件のため戒厳司令官などがやめられたのはそのためらしい。皆さんはもちろん私たちも助かっているまいと思うていた」と、妻はつけ足した。

＊

彼が仏蘭西《フランス》から帰ってから、かれこれ一週間目ぐらい、僕は大杉を駒込の労働運動社に訪ねた。二階だというので上っていくと、そこに大きな椅子が雑然と置いてある間に、床の上に、野枝さんの膝から彼はムクムクと頭を上げた。黒いうえになおも黒くなった彼を見て悦んだのみでなく、「ああ、大杉は幸福な奴だ!」とこう思うた。

大杉には常に会うていたが、しかし、その時ぐらい、彼らの幸福そうな、楽しそうなシーンははじめてであった。愛人野枝は多くもあらぬ彼の白毛を抜いていた。細君に白毛を抜いてもらう男は天下にたくさんあろう。けれども、その時の場面はそれと違う。暖かい、楽しい、楽しい、幸福さが部屋一パイにハチ切れそうであった。いわゆる瑞雲たなびくとはこんなことかと思う!

*

あとに残されたものには気の毒で堪らぬが二人で一緒に揃うて死んだ彼らはけだし至幸なものである。

*

とはいうものの、彼を失うたはいかにも惜しい。わずかに三十九で散らしたは、何といっても惜しい。

××××××××××。××××××××××××××××××。彼は

日本の病気を色々と見立てた。そして是非を世間に問うたのだ。「お前さんの病気はこれ、これだ」と言うたその医者を、病人が怒って殺せばとて、その病気が癒ゆるものでない。そう思うのは大した間違いだ。

大杉をして日本の病気をもっともっと完全に見立てさせてほしかった。今はそれも愚痴となった。

＊

それにしても彼はよく名を売った。売ったというが語弊があれば、よく名を挙げた——善にまれ、悪にまれ！　大杉を殺させたのは実にこの名があずかって力があったと思う。しからばその名を挙げさせたそもそもの責任者は果たして誰か？

大杉かれ自身か？　それとも世間であろうか？

大杉も人間だ、自分の名の宣伝せらるるのを意に介しないことはあるまい。けれども彼をして今日あらしめたのは、その責の大部分は世間が負わねばなるまい。

「火のない所には煙が立たぬ」とよく言う。けれども世間にはずいぶん火のけもない所から煙を立てたがる、そして次から次と大きな煙にしてしまう。これは、いったい世間が病気であるからだ。神経が過敏になっているからだ。幽霊などはあるはずのものでない。けれども病人の眼には物の影などが幽霊と見える。臆病者には薬鑵《やかん》が天狗に見え、ほうきが大蛇に見える。

そして世間には臆病者の通る路に薬鑵を出したり、ほうきを立てたりする、また病人の眼の前に物の影を現したりする悪戯者がある。間違いはそこから起こる。

＊

人間という動物は思うまま、考えたままを言ったり、行ったりするには非常に卑怯であり、臆病であるものだ。それを言行に現すにはいわゆる右顧左眄する。そしてつまり思考したところよりは二割も三割も割引したもの、ないしは全然その姿を失った言行さえするものだ。

これは速製の日本、僅々五十有余年間に際物的にできた日本の文明、牛の歩みもよし遅くとも、一歩ずつしっかりと築きあげたものでなく、博覧会の建物のように外観は堂々たるものでも、出来あがらぬうちから雨はもり、風には倒されそうになる、ないしは近来の貸屋のふすまのように見かけは立派でも、中は新聞紙で張った、ちょっと触っても破れる、精神的にも、物質的にも偽りて製造された模擬的な日本の文明ではことに甚だしい。人生の大切な結婚でさえ、媒口でなくてはまとまらぬ国、真実を言ってはめしの食えぬ国、嘘も方便な国では、思うまま、考えたままを言行に現すことなどはもってのほかの曲事である。ところがこの日本に生まれた大杉は思うまま、考えたままを振る舞った——比較的ではあろうが、これが他のできない芸当であった。これ実に大杉をして大杉たらしめたゆえんであった。だといって、かれ大杉はわがまま者、横紙破りかというに決してそうでない。彼は譲るべきところは譲り、控えべきところは随分と控えた。けれども世間はかえって彼を裏切った。裏切られた彼は奮然としてそれに楯ついた。

＊

社会主義同盟のできた当時でも、たとえそれが出来べき気運であったとはいえ、大杉らがこれを促進させたものだ。だが出来あがればすぐに彼は裏切られた。

労農ロシアと修好を結ばんとする時も、大杉はこれを堺、山川に相談した。彼らが躊躇して決しないから彼は独りでそれを決行した。彼が好結果を得ないまでも、危険でないとみた堺、山川らは、彼を出し抜いた。否むしろ彼を排除した。大杉はそこで彼らを胡麻の蠅だと罵った。

＊

協同戦線とよくいう。だが彼らにして大杉を裏切らなかったならば、大杉から協同戦線を破ることなどは断じてない。

＊

私が昨年牢屋に行くとき、堺の配下の高瀬君は「あなたが帰る時分には、あなたの立場はなくなる」と言った。同じようなことを高津君も言った。

帰ったときには、例の大阪における労働組合の総連合の相談の決裂なるものがあった。協同戦線などと言いくさる者どもは、久しい以前から大杉の排除を企てていたのだ。それを知った彼は堪忍袋の緒を切って彼らに喰ってかかった。そして世間は大杉らが協同戦線を破ったかのように思うた。

だがしかし、大杉はこんなことでへこたれたり、またはそれを気にしたりする男でない。彼は大いにやらんとしていたのだ。

＊

彼の思想！　嘘のようだが、僕は大杉の思想を知らぬ。だが私は大杉が好きだった。僕は無能である。常にめしが食えなくなる。けれども、大杉は他の人びとのするように、めしの食えない、働きのない奴だといったような態度は示さなかった。

小児のような男

堀保子

大杉はとうとう殺《や》られてしまった。

私は今度の大震後、大杉についていろいろ不思議な夢をみた。全身血だらけになってそのくせあの色の黒い男がその時ばかりは綺麗な色艶をして私のそばに横たわっているのを二晩もつづけてみた。夢は逆ゆめとか五臓の疲れだとかいう俗説はあるけれど、どうも何かのいやな暗示を受けたような気がして心持のわるい日がつづいた。けれども、まさか目に見えたような惨たらしいことがと打ち消しながらも、なんだか変な夢だと、うたがっていたことがついに事実となったのだから、私はますます不思議の闇に鎖《とざ》されている。

私は大杉と別れて七年、その間に彼と顔を合わせたことは四、五度しかない。私にはなんだか彼を軽蔑《さげす》むような一種の誇りらしいような気がしたが、彼はいつも余事にまぎらせてコソコソと逃げだすのが例であった。

「天下に怖いものなしの大杉君もアナタだけは本当にこわいとみえる」と、そばにいる人はみな笑ったほどである。私は彼に対して非常なうらみを持っていた。と同時に道ばたの石ころのようにも思われなかった。何かの噂のある場合にも、第一に気になるのは彼のことであった。そして無事を祈らないではいられなかった。「お互い最後の時には、誰が後れても、先だったものの柩の前に座ることは遠慮すまい。そして思うまま昔のことをくり返そうじゃないか。別れても別れないのと同じことだ」などと言い合ったこともあった私がとうとう彼の前に座る時が来た。

私は静かに彼に告別をしたく思って、二十六日の朝早く大久保へ行った。二、三人の昔なじみの人たちからお悔やみをうけたりして、安成二郎さんのお宅の前まで来た。安成さんには事件以来いろいろお世話になっていたようであったから、ご挨拶を申すため一寸《ちょっと》およりした。奥さんは「まあよくおいでくださった。安成も私もアナタがいらっしゃると思っていました」と仰りながらも、お心の底には意外だというご様子もほの見えた。火葬場の都合で今日が骨上げで安成さんもその方へお出かけだということであった。そして甘粕の当時の自白なぞコマゴマと知らせてくださった。果たして甘粕がみずから手を下したか、部下に命つけて殺したか知らないが、隣室の女の叫び声を聞いて驚いて泣きだした小児に対し甘粕は菓子をやるといって引きよせたそうだ。何も知らぬ小児は「おじさんご覧なさい美しいお月さんがでていますよ」といったということです。私は平和とか博愛とかいう今日の時代にもこんなむごたらしいことがあろうかと泣いた。

私は安成の奥さんと一緒に淀橋の大杉家へ行った。八畳の座敷の床の間には画家望月桂氏の筆になった大杉が裸体で机に向かっている一幅がかけてあった。その前に皆さんから贈られたお花、白木の机なぞ遺骨を迎える準備ができてある。そのそばで村木さんや和田さんが四、五人の来客に殺害当時のお話のさなかであった。次の六畳の座敷には二十日ばかり前に生まれたという男の赤ん坊が蠅になやまされてうるさそうに寝ている。私は安成さんの奥さんとぼろ蚊帳をさがしだしてつってやったりした。それから持って行った花を床に飾ったりして骨の来るのを待った。そんな間にも大杉がきまりの悪そうな顔をして「ヤア」といってそこらから出てくるような気がしてならなかった。まもなく大勢の人に護られた三つの小さな白い箱は大杉を中にそれぞれ白木の机の上に並べられた。

大杉のすべてはこの箱の中に納められているのだと思えば気が変になるまで胸がワクワクした。次から次へといろいろな思い出やら想像やらが車の輪のように急転した。

一座はしんとして声を出すものもなかった。それぞれの思い出にふけっているらしい。

子どもたちはついぞ見たこともないおばさんだというような顔をして私を珍しそうに見ていたが、親戚のおじさんの注意で一番上の子が私にお辞儀をした。そしてお骨に向かっておじぎをする。そんなことをくり返しくり返し幾度もやる。それをみたほかの妹たちも同じようにやるので、一座の人びとを涙の中に笑わせた。私はこうした子どもたちの頑是ない無邪気さに打たれて、人がいなかったら引きよせて思う存分泣いてみたかった。

大杉の弟たちにも久しぶりで逢った。話は後になったり前になったりいろいろなことをくり返された。死体はなにぶん日数もたっているのでほとんど見分けがつかない。係の人も「どんなふうに殺されたのか分からない。甘粕の白状はこれこれだ。どうかそう思って三人の死体を引きとってもらいたい」といって衛戍病院の解剖の報告というようなものをくれたそうだ。死体は棺の中に全身包帯を巻いた、そして石灰でつめてあったそうでそのまま火葬に付してしまった。私は非常に物足らなく思った。

そんな話をしているうちに、子どもたちは思いだしてか、折々「パパァ……」といってあたりをさがす。皆が「無理もない大杉はずいぶんと子どもを可愛いがったしよく面倒をみたからね」という。実際大杉は以前から子どもは好きであった。よく「アナタが子どもを生めば僕は家にいて守をする」といっていたことまで思いだされた。

目がギョロッとして精悍の気が満面にあふれているような彼は本当に心の強い気の確かな男であった。彼は心にもないお世辞などおくびにもだしたことがない。名は言わぬが今日でもなお文壇にときめいて新思想家で通っているある人びとなどは彼の一喝にあってはひと縮みに縮みあがったものだった。意見が違えばあくまで追及してやっつけてしまわなければ済まぬという気性であった。けれども一面にはきわめて無邪気な子どものようなやさしみがあって、親類の子どもなどを可愛がること一通りでなかった。私の兄〔堀紫山〕の家にそのころ五つか六つの女の子があった。その子はきわめて無口で容易に他人にはなつかなかったが、いつか彼と大の仲よしになってしまった。兄や私も不思議に思ったくらいであった。「僕はあの子を手なづけるのに半年かかったよ」と人の子にさえこんな風だったから、自分の子に対してはなおさらのことだったと思う。着物をきせるのもおむつを取りかえるのも彼の手であったそうだ。彼はまったく見かけによらぬ子煩悩であったのだ。

大杉はめったに家の者に小言を言わなかった。女中などの朝の挨拶とか玄関の送り迎えとかいうことは非常にきらったものであった。ある田舎から出たての女中は、大杉が外から帰ってきたのをお客と思って玄関へ出むかえた。すると大杉であったので、あわてて「ナンダ旦那様か」といってイキなり障子をピタリとしめてしまった。大杉もこれにはちょっと面喰らって「少々驚いたね、痛快にやるね」といって笑った。けれど私にはそれを許さなかった。私が迎えにでるまで必ず玄関に腰をかけてまっていた。彼もよく玄関まで送り迎えしてくれた。

私たちも折々喧嘩をやった。喧嘩のあとは、おたがいにだまってしまうのが私たちのくせであった。その無言の行も私は半日や一日は平気だけれど、彼はつづかない。どうかして私に口をきかせようといろいろに苦心をするけれど、私はそれに乗らない。すると、私の可愛がっている猫を風呂敷につつんで天井にぶら下げる。猫は苦しがって踠《もが》いたり鳴いたりする。私は意地になってしばらくは黙っているが、猫があまり可哀そうなので残念だけれど解いてくれと頼む。よくこの手を用いられたものだ。彼は「僕の家ではこの人をいじめるにはこれよりほかに方法はない」といっていた。私のわがままは通りものだった。それを大杉はゆるしてくれていたのだ。彼は堺さんに時々「どうも強情でね」とこぼす。堺さんは「まあ仕方がない。なしくずしの借金払いをするようなものさ」と例のアッサリと片づける。私は「利息にも足りない」といって大笑いしたものだ。

彼は常に「僕は女房のために特に着物をこしらえてやるような金を作るのは厭だ。けれど僕の働いた金のうちでなら何をしたってかまわない」といって、気にむいた仕事でなければ働かない。そのくせ彼はなかなかの贅沢やだ。食べものなぞも手軽な簡単なものよりも、なるだけ手数のかかったものでないと喜ばない。少し機嫌の悪いときにはご飯の上にざぶりと醤油をかけてたべる。酒は少しも飲まない。煙草と甘い物が大好きで、原稿を書くにも、煙草かお菓子かを口にしていなければ承知しない。煙草はことに上等なのが好きで、金があると外国製の高価のをスパリスパリと籐椅子の上で「どうだいこの煙の色は」なんて本当にたわいもなかった。

彼は常に変化を好んだ。気に入った家でも目につくと、きまって「僕が来月からたばこをやめるからあの家に引越そうじゃないか」といってきかない。いったん言いだすと後へ引けない彼のことだから、私もケンノンだと思いながらも彼の望み通りにする。はたして煙草はやまない。その頃（最後までも）私たちの生活に少々不相応で収入と支出との権衡が取れなかった。が、いつ何時どんなことがあるかも知れん、マアできる時に美味いものでもたべておく方がいいという調子であった。

あるとき私と彼の弟がほとんど同時に病気になって、どうしても入院しなければならぬようになった。ちょうどその時ある大官からフランス物の翻訳をたのまれた。はじめは二の足を踏んだが、とうとう引き受けた。そして気の毒なほど働いた。先方では買収でもしたつもりであったかも知れぬが、一枚いくらと定めた料金をもらうのだから私たちは当然の報酬だと思っていた。その代わり余計な金はもらわない。原稿の少ない月はずいぶん苦しい生活をした。

蓄えなぞのない生活は何か入用のことがあると、すぐ質屋へかけつけなければならない。さる家に不幸があって挨拶に行かなければならない。預けた物がほしいので、二人で夏もの全部をかかえて品入れ替えに出かけた。差し引き少し余る勘定になる。何か食べようじゃないかと天金でお腹をこしらえて、こんどは日比谷公園を散歩することになった。音楽堂のところまで来た。彼は歩くのは好きだけれど独り歩きは嫌いだ。いつも散歩のときには「回り道、遠道、一切苦情なしというのでつきあってくれ」といって先から先へと歩かせられた。その時には受け出した荷物はあるし、私は病後で疲れてしまったので、電車で帰ろうというと彼はもう少し歩くという。乗る、イヤ乗らないで果てしがない。私はとうとう腹を立てて、いきなり抱えていた風呂敷包みをほうりだしていそいで電車に乗ってしまった。荷物を捨ててみたものの少々惜しくもなり、人に拾われて通帳でも見られたら恥ずかしいとも思った。それに彼は懐中一文も持っていない。大久保まで大変だろうと心配はしたものの、いまさらどうするわけにもいかず、家へ帰って寝てしまった。彼はややしばらくして帰ってきた。次の朝、目をさましてみるとゆうべの包みがちゃんと私の枕元に置いてある。ああよかったとは思ったけれど、またむかむかして腹だちまぎれに飛び起きたはずみに枕に足を引っかけて踏み破ったのだから私もなかなかの大力だ。五、六升も入っていたそば殻を座敷中へふりまいてしまった。私は重ね重ねの失敗に、いまさらそれを片づけるのも気が利かないと思ってそのままにしておいた。すると彼はイヤな顔もせずそれをキレイに片づけてくれた。私はそれ以来彼の前でわがままを言ったり怒ったりすることをつつしんだ。

彼の入獄で一番心配させられたのは赤旗事件で千葉監獄の二年半であった。面会で行くたびに、受付はきっと私にこう言うのが常であった。「また減食でやられているよ。あれではだいいち体がつづくまいからアナタからよく本人に注意してくれ」と。何をしたのか困ったものだと思ってたずねると、「居ねむりをやって一週間の減食さ」と平気でいる。或るいやな噂のあった教誨師が寒い寒い日にぬっと彼の室《へや》に入ってきた。幾枚かの重ね着して暖かそうに襟巻してそしてふところ手をしながら「どうだね今日は少し暖かいようだ」といいやがるのさ。だから俺が「馬鹿」とどなってやったらソコソコに逃げ出してしまった。それが二週間の減食さ。しかしそれからあいつの面を見ないので大変気持がいい。いちいち心配するな。うまくもない飯を少しぐらい減らされたって困るものか、と例の調子で威張っていた。

彼はかなりヒドイどもりだった。いつも出獄後一カ月ぐらいはほとんど筆談で用事をすましたものだ。だからおりおり来たてのシナ人とまちがえられたりした。しかし外国語で話すときは少しもどもらなかった。

あるとき電車の中で中佐ぐらいの軍人のために私は拍車で足の先をひどく踏まれてみるみる血が滲《にじ》みだした。私は随分ヒドクその不作法を責めてやった。先も恐縮してあやまった。仕方がないから私は無言で許してやった。するとその軍人は「なにぶん服装が服装だから」というようなことをいった。初めからのいきさつをだまって見ていた彼は、たちまち血相を変えて、

「服装が服装とは何のことだ。軍人の服装なら人を踏んでも殺しても仕方がないというのか」と大変に怒り出した。軍人もその剣幕に驚いて途中で姿を消してしまった。私の足はなかなか痛む。彼は余憤なおやまずといった顔つきで「人もあろうにあんな奴に傷つけられてそのまま逃がすということがあるものか、意気地なし」といって私にまで当たり散らしてその日一日プリプリしていた。

僕は四十まで生きないね、太く短く送るかね。けれど監獄の病監では死にたくないと、つねづね言っていた。彼は病監では死ななかったが平生悪《にく》んでいた軍人のために殺されてしまった。そしてその殺された時も殺された場所も、人の記憶からは容易に去りにくい「時」と「場所」とであるだけその死に方もマアマア華々しかった。ことに子役が一枚加わっていたため舞台もいっそう引き立って見物をアッといわせた。彼の短い一生は芝居のように変化が多く活動写真のように目まぐるしかった。ことは私からいうまでもないから書かぬことにする。

私は彼と別れた後も彼の仕方を恨んでいたかも知れぬが決して憎んではいなかった。彼は彼の道を行くのに対して、私は私の行くべき道を歩んで、どちらが心の満足を得るということを競争してみたいような気がしていた。それが私の生活の全部だと思ってイライラしたこともあった。実際私はそれを張り合いにしていたかもしれない。そして今は肝心の競争の相手がなくなったので、なんだか淋しくなって心細いような気がしてならない。それが今の私の心持だ。

第三者から見た大杉

―― 内田魯庵

大杉が私に憶出《おもいで》を書かれようとは夢にも思わなかったろう。かれから見れば私はヨソの世界のストレンジャーである。住みなれた大久保を去って七、八年、四人の子どもの父親となって再び当地に隣接する私の同番地に舞い戻ってきて久闊を叙したときは郷に帰って父老を見るに等しかったろう。古い顔なじみというだけで命にかけての主義の同感者とも理解者とも思わない私に憶出を書かれるのは門徒の信者が法華坊主に引導を渡されるようなものでとても浮かばれないだろう。が、最後の十日あまり、運命の黒い手が背後に迫ってるとも知らないで日に何度となく子どもの乳母車を押して恐怖の巷を運動するかれと度々邂逅し、その当日の朝、死出の旅とも知らずに夫婦して睦まじく出かける後姿を見送った私には忘れられない印象がある。

大杉と私とはまるきり路人でなかったにしろ少なくも障子一枚隔てて語り合った仲である。その淡い交際の私に憶出を書かれるのは門違いのように思って苔の下で苦笑もし変な顔もするだろう。が、ひと月前に蕎麦をもらったちなみのある私は淋しく逝ったこの薄倖の革命家に樒《しきみ》を手向けるツモリで憶出を書く。

＊

このごろ一、二の新聞に、警視庁は主義者の内情を通信してくれる便宜を与えた大杉を殺されたので狼狽していると、さも大杉をスパイであるかのように臭わした記事が載っておる。大杉をスパイだという噂はかつてある方面の主義者間にもあったそうだ。

大杉がはたしてスパイであるか否か、そういう機微の消息に通じない私は知らない。が、もしスパイなら化け方があまりにウマすぎる。仏蘭西《フランス》へ行ってまでも危険な路傍演説をして監獄へ投げ込まれるナンテ化け方はあまり念入りすぎる。かつ始終尾行を付けられ何度も監獄入りの苦労をして同主義者を化かしてその筋に忠勤を尽くしていたとすると、それこそ甘粕以上の愛国者で招魂社へ祀ってもイイくらいなものだ。それを知らずに殺した甘粕は減刑どころの沙汰じゃない。

公判廷における甘粕の陳述によると、大杉の背後に藤原という人間があって藤原のまた背後にある巨人が控えている。仏蘭西へ行った旅費はその巨人が出したのだそうだ。ソンナ事実があるかないか、それは知らない。が、仮に誰かが旅費を出してくれたところでその人が大杉を手先に使ってアナーキズムを宣伝させたわけでもあるまい。そういう機密は政治界には珍しくないので、仮にこの風説を幾分か形跡があるとしてもそんなことはあまり問題にならない。ただし大杉や野枝が爆弾を自動車に載せて鮮人を指揮しているというようなウソッ八の情報を信ずる甘粕の色盲的乱視ではこれも当たるまい。

大杉が同番地へ引越してきて久しぶりでヤッテ来たとき、仏蘭西へはドコから旅費を工面して行ったと第一番に訊いた。「方々の本屋へでたらめの約束をして七所借りをしてやっとこさと算段したのだ」と大杉は言った。

本屋の借金ばかりで洋行費が作れるか知らんと疑った。世の中には相撲や芸人ばかりでなくて大杉のような男に金を出す気紛れ者もあるからいずれドコからか貰《もら》ったのだろうと推測した。が、このごろ聞くと、大杉の本屋からの借金は一万五千円からあるそうだ。してみると仏蘭西行きの旅費も、全部でなくとも大部分はやはり大杉の言ったとおり本屋から借金したのかも解らん。

大杉は著述家としては流行児の一人であった。したがって原稿料も印税も高かった。前借の融通もある程度まではできたろう。いったい世間は操觚《そうこ》者の生活には案外昧《くら》くて、「あの人はドウして喰ってるだろう」と疑い「貧乏しているんだろう」と勝手に見くびっている。大臣級の収入のあるものがいるのをそんな人はむろん知るまい。

そこで大杉はドコから金を取って贅沢をしているだろうと疑う。大杉はがんらい貴族的の男で、平民主義も貴族的でなければ駄目だと矛盾のような主張をしていた。が、大杉の贅沢なんて知れたもんだが、世間は著述家ナンテものは貧乏人で日傭稼ぎと隣り合わせをしているように思ってるから少しばかり贅沢らしい真似《まね》をするとすぐ目を付ける。大杉の子分らしいものがだんだん大杉に背くようになったのは自分ばかりブルジョア生活をしながら金の切れ目が悪かったからだそうだが、大杉は取ればすぐ使う、取らないうちから取れる金の胸算用をして使う文人通有の浪費家だったから金は常に持っていなかったろう。といって自分の肉を割いても子分の面倒を見るというほどの大きいところを持ってなかったから、子分はだんだん離れてしまってついに孤立してしまった。その実、大杉は子分に糧を分けたくっても分けるほど懐に余裕を持っていなかったろう。おそらくドコからも金を取りやァしまい。やはりタダの原稿稼ぎをしていたんだろう。

が、さも非常な贅沢をしているように了解されていたので、子分からは切れ離れが悪いので離反され、官憲からは外国の危険思想団から巨額の金を取って運動しているように睨まれた。大杉が上海から金を取ってきたのは事実で、これも仏蘭西行きの旅費の出場を尋ねたときの話のついでに大杉の口ずから聞いた。が、この金は『労働運動』の発行に使い切ってしまって、マダくれるはずなのを一度きりしかくれなかったから雑誌の方も自然休刊になったと言った。千や二千のはした金は何の役にも立たないので、いわば棄て金だ。もっとも棄て金にしろ運動を名目として外国の思想団から金を取るというは決して穏当ではないが、一度ぐらいそんな金を使っていたって大目に見のがしてもよかろう。

大杉と私とはかなり長い知り合いだが、六、七年来トンと顔を見せなかったから、八月初めに同番地へ引越してからの新知己同様で、懐合いを話し合うほどの親密な関係ではなかった。であるから大杉の財政状態は一向知らないが、警視庁から金をもらってるともまた外国から金を取ってるとも思われない。やはり印税や原稿料のフロム・ハンド・ツー・マウスだったろう。

現に地震からコッチ金の融通がとまってよほど窮していたらしかった。

大杉はかつて——伊藤野枝との関係ができる以前——警視庁だか内務省だかの賃訳仕事をしていたことがあった。それは大杉のような人間にパン代を与えるための高等政策で、幸徳秋水なぞもやはりある官庁の賃訳をしたことがあったそうだ。その引き受けた翻訳がふるっていたのは仏訳からの法華経の逆訳であった。大杉の法華経翻訳も笑止《おか》しいが、内務省だか警視庁だかが法華経を翻訳させて何にするツモリだ。むろん大杉にパン代を与える名目なのは大杉も知っていて無茶なイイ加減な仕事をしていた。「なんでも書いたものを持ってけば金をくれるというのだから有難いわけで、当分はまずァ神妙にお陰をこうむって猫をかぶってるのサ」と誰にも秘《かく》さず吹聴した。

だが、こんな興味のない仕事をイツマデ神妙にしていられるもんでないから、そのうちソロソロ飽きがきて怠けだした。虎や狼を飼うツモリでパン代をくれるお役所の方でも法華経の翻訳が要るわけでないからドッチが止めたともなく中止した。

「ナニ糞、あんなお経なんぞ馬鹿ばかしくてやっていられるもんか。法華経がイヤならほかのものをしろというが、ドダイ役人が捨扶持でもくれるように横柄なツラをするのが癪に障る」

と啖呵を切ったことがあった。

やはりその頃のことだ。内務省が危険思想家の虎の巻とする本を取り上げてしまうのが最良策だというので或る人の書斎を全部買い上げてくれたという話をして、「僕も一つお買い上げを願おうかと思う。お上に買っていただいてすぐ外国へ注文すれば二、三カ月も経てば元の通り揃ってちょっと儲かる」と笑った。

「それからまたお買い上げを願うかネ」と言うと、「しかし約束がきまれば本屋の取次に商売換えをする。法華経の翻訳よりは楽でイイ」と重ねて笑ったことがあった。

大杉と警視庁だか内務省だかの関係はそれよりほかに知らないがこの法華経翻訳のことはだれも知ってる。大杉は少しも秘しやァしなかった。御用を勤めていたならコンナ嫌疑を買いそうな関係は誰にも話さずに秘密にしていそうなもんだ。

大杉は仏蘭西の巡査や監獄を痛くわるく言っていた。路傍演説をして捕縛されたとき打ったり蹴られたり踏まれたり痛い目にあったそうだ。「日本の警察では僕らはモウ決して打たれたり蹴られたりはしない。仏蘭西じゃ新顔だからお目見えのご祝儀に散々な目にあった。ドコでも巡査は無知で乱暴だからネ」と笑止《おかし》そうに笑った。

＊

大杉は眼のギョロリとした、人を馬鹿にするような笑い方をする一種凄みのある顔であった。私はよく人に話すが、バクーニンでもステップニャックでも今のトロツキーでも共通な物騒な眼を持っておる。この眼を私は自分で「ナイヒリスチック・アイズ」と称しているが、大杉もこの眼を持っていた。

「君の眼は物騒だよ」とあるとき言うと、

「この眼はネ、監獄へ行くたんびに光を増すんだよ」と笑っていた。

ロンブロゾではないが、泥棒には泥棒のタイプがあり殺人者には殺人者の型がある。留岡幸助君とかつてその話をしたとき、「それは今日の監獄の制度が悪いからだ」と留岡君は言った。同じ部屋に同じ着物を着せて同じ食事をさせて頭まで同じ五分刈りにしておけばドンナ物だってみな似た顔になる。監獄の制度が悪いから監獄に長くいたものはみな同じ監獄面になる。罪人のタイプなどが初めからあるもんか」と。

そうかも知れない。赤ん坊のときはたいていみなブヨブヨした可愛らしい顔をしている。それが頭の糧や環境でだんだん変化して坊さんらしい顔や先生らしい顔や腰弁らしい顔や山師らしい顔になる。その中でも監獄と兵営とが一番同じ鋳型の顔を作る。

大杉は眼ばかりでなく頭の恰好から顔の輪郭までが露西亜《ロシア》の革命家とドコか似かよっておる。最近上海で撮った写真のごとき露西亜《ロシア》革命史の挿画としてもおかしくない。アレに露西亜《ロシア》のラッコ帽をかぶせたら大杉栄でなくてイワン・サカエヴィチ・オウスギーだ。

少年時代の写真を見ると多少イタズラらしいが一見柔和な「よかちご」だった。名古屋の幼年学校にいたそうだが、名古屋じゃァ薩摩ッぽうもあまりいなかったろうが、東京の軍人学校なら賤《しず》の小田巻党に覘《うかが》われる美少年だった。その柔和な「よかちご」が不幸にして聡明であったために時代に率先した新しい思想を抱き、幼年学校時代の威圧的な軍隊教育に反発した頭をねじくらせ、学窓を離れて街頭に立つとすぐ官憲にガンと頭を殴られて監獄へブチ込まれ、出獄するとモウ尾行つきの危険人物と札をつけられてしまった。こうして世間を狭くされ圧迫の上に圧迫を加えられてはだんだん眼もギョロつけば人相も険しくなる。昔の柔和な「よかちご」はイツの間にかイワン・サカエヴィチ・オウスギーとなってしまった。

が、大杉はハタで思うようなクロース・ハーテッドでなかった。誰とでも容易に打ち解けたから、一見なんとなく無気味で近づきがたいように見えたが付き合ってみると案外親しい優しいところがあった。親切で思いやりがあって、始終貧乏していたから金の世話はできなかったろうが、よく人の面倒を見てやったそうだ。

私とは同主義者でなかったから雑誌の論文や小説の批評のほかは思想や主義の話はあまりしなかった。文壇人の噂や世間話ばかりしたが、批評はすこぶる手厳しく観察はなかなか穿っていた。岩野泡鳴を評して「偉大なる馬鹿」といったは大杉が何かの雑誌に書いたが、あの穿ち方はある晩私の二階で泡鳴論をしたとき偶然出た言葉であった。「馬鹿でも偉大なら岩野は喜ぶよ」と私が言うと「では偉大がるとしようか」と言ったが、やはり「なる」の方が語呂もイイし響きも鋭いと「なる」に賛成したことがあった。

大杉が上目を使い白眼をし顎をシャクリながら少しどもってポツリポツリ話す話しぶりはすこぶる魅力があった。大杉が若い女の心をつかむのはこの話しぶりであったろう。ドチラかというとあまり能弁ではなかったが、何となく人を引付けるエキスプレッシーヴな弁舌を持っていた。

大杉はかんしゃく持ちで、どうかすると人を殴ることがあったそうだ。売文社にいた頃、一夕売文社の同人とドコかへ飲みに行ったとき、大杉はフダンあまり飲まんから酔ったまぎれの酒の上かも知れぬがかんしゃくを起こし、眼の色変えて堺に突っかかって猪口を投げつけたことがあったそうだ。詳しい話は知らないがその頃から堺の一派とだんだん離れてしまったらしい。荒畑や堺との間が面白くなかったのはボルとアナとの主張の相違ばかりではなくて何かイキサツがあったようだ。その辺の消息は主義者仲間でない私たちはよく知らないが、私とは主義の上の同志でなく、いわば近所ずくの通りいっぺんの交際だからであろうが、応対のかんしゃく持ちらしいところは少しも見えなかった。ずいぶん露骨に腹の立ちそうなことを言ったこともあったが、大杉はイツモ調子を合わして笑ってばかりいた（ことによると時代錯誤の無理解者と相手にしなかったのかも知れぬが）。

ドウかすると意外な性の問題を持ち出し、ずいぶん突っ込んだ閨房の話までしたこともあった。そんな時には（大杉に限らんかも知れぬが）少しも危険思想家らしくなかった。

＊

家庭の人として見ると、大杉は温和な良人《おっと》であり優しい慈父であった。前妻堀保子さんは大杉の雑誌の広告取りをして働いていたのでその用事でたびたび私の家に見えた。保子さんを通じて大杉の家庭の様子も知っていた。

保子さんは大杉より年上だったがよく大杉に仕え大杉もまた相当の敬愛を酬《むく》うていた。そのころ大杉は家政の全部を保子さんに委ねて小遣いも持たないで、外出するときは電車賃を保子さんにネダッテいたそうだ。若い売り出しの危険思想家も細君の前では小さくなっていて、ときどき細君の御用の白粉や香水を下町へ買い出しに行ったので友人間にはサイノロジストとして笑われていた。芝居へ行くにも音楽会へ行くにもイツデモ保子さん同道であった。小倉清三郎の「相対」の会の講演や踊にも保子さんと一緒に出席した。表で出会うときの大杉はたいてい細君同伴で独りぼっちのことは滅多になかった。

そのドコへでも鴛鴦《おしどり》のつがいの二人連れで出かけ、白粉の買い入れのお使いまで神妙に承った大杉が保子さんと別れたのはイヤであったからではなかった。世話女房としては申し分のない女だと別れ話の始まる頃に大杉自身の口から私に話したこともあったが、その申し分のない世話女房の保子さんに欠けていた思想の理解のある女友を他に発見したのが二人の破縁のもととなった。

大杉のような官憲からも睨まれ世間からも誤解され、あるいは呪われる思想の持ち主が常に思想上の孤独に耐えられないのは当然である。せめては家庭の中だけなりとも共鳴しあって思う存分に思想の飽満を楽しみたかったろう。が、炉側の団らんの温かみは保子さんによって満足されても、いざ思想の問題となると孤独の淋しさに耐えられなかったので、この欠乏を充たすの女友をたまたま発見したのは大杉にとってはあたかも初恋に等しいものであった。

保子さんとの別れ話の顛末は、その頃のタシカ『女の世界』か何かに載ったと思うが、保子さんの理解のないという困り話はそれより以前たびたび聞かされた。私はもちろん大杉が思想的融合の女友を得たことを少しも知らないから、それまでツイぞソンナ家庭の不満をもらしたことのない大杉がドウしてこの頃のように細君の不平話をするのか飲みこめなかったが、その都度その都度、女てものは誰でもそういうもんだよ、とばかりそれとなく不満をなだめていた。ちょうどそのころ岩野と遠藤清子の別れ話も持ち上がっていたので、ある晩、大杉は来て岩野はこれこれだと話した。私はそれより二週間ほど前に岩野夫妻や田中玉堂らと玉川へ遊びに行ったことがあって、ソンナごたくさが岩野夫妻の間に持ち上がっていようとは大杉から聞くまでは少しも知らなかった。どんな理屈があっても事情があっても放縦な恋愛には私は同感できないから、個人としては遠藤清子は岩野よりもヨリ以上嫌いであったが、清子に同情して「岩野も困った男だ」と言った。

そのころ大杉はすでに意中の他の女友を得て保子さんと別れようとする時だったとも後に知ったが、その時は何も知らなかったので口をきわめて放縦な恋愛の非を鳴らして恋愛の美名を借りて罪なき女を苦しめる男の暴虐を殺人以上の罪悪とまで痛罵した。大杉は格別反駁もしなかったが、それが大杉自身の間接射撃となったとはその時は知らなかった。

大杉と野枝との関係が世間に暴露されて後、大杉はヒョッコリやって来た。野枝との恋愛の成立と逐一細かい内事まで打ち明けて話した。何しにそんな話をしにわざわざ来たものか知らぬが、たぶん岩野の一条について放縦な恋愛の罪悪を痛罵したから、あるいは了解を求めに来たのかも解らん。が、私はほとんど無言で聞いて何も言わずに話をそらしてしまった。それから以後、一つは家が遠くなったからでもあろうが大杉はバッタリ来なくなってしまった。

その間は六、七年も経ったろう。ツイこないだの八月の初めに同番地へ引越してきたと言って野枝さん同伴で子どもをゾロゾロ連れて来た。野枝さんは数年前に一度途中で会ったことがあったが、口を利いたのはその時が初めてであった。

それ以後のひと月ばかりの憶出は「読売」に書いたが、大杉がひと通りでない子煩悩で野枝さんよりも以上に子どもの面倒をみる慈父としての美しい一面を知った。野枝さんとの夫婦の間柄は疎隔していたからそれまでまったく知らなかったが、前妻の保子さんに対すると同様あるいはそれ以上親切な優しい良人であったという噂を聞いた。

＊

最後の大杉は私が「読売」に書いたとおり、朝から晩まで何度となく子どもの乳母車を押しては近所を運動していた。夜はステッキを持って町内の夜所に出ていた。野枝さんは産後でマダ健康が復さなかったので大杉は一人で三人の子どもの面倒を見ていた。危険思想家であれ何であれ、現在は温かい家庭の温厚なる主人であり、四人の子どもの優しい慈父であり、町内の夜警に出る善良な市民であった大杉は、同志を集めて放火を教唆しみずから爆弾を載せた自動車を乗り回して不逞の鮮人を号令指揮した凶徒と報告されて、国士甘粕の手にかかって貞淑な妻と可憐な七歳の愛甥と三人一緒に古井戸の中に埋められてしまった。

殺さるる前日の大杉君夫妻

松下芳男

九月十五日親しい友人として大杉君を柏木の寓居に訪ねた私は、その二十七日に落合の火葬場で、骨となった大杉君を見たのである。

その間はわずかに十日余りであり、また思えば十五日は大杉君の殺された前日であった。様々の両極端の褒貶を身に負った一世の革命児も、死んではただ一塊の骨である。ぼんやりした初秋の朝暾《ちょうとん》のさす中で釜からとりだされた骨を一つずつ、近親者や友人の手で骨壺に移さるるのを見たとき、すべては夢のようであった。ことに長女のマコちゃんが、無邪気に、

「パパちゃんの足よ」

などといったり、次女のエマちゃんがどうしても恐ろしがって箸で骨を上げることを肯《がえ》んじ

ないのにあっては、惻隠の気、胸一杯になってしまった。

げにその間はわずかに十日である。そして談笑した日が殺された前日である。私にその日の「平和の家庭」が今まざまざと想い出される。

＊

私はその日の午後新宿よりの帰途ちょうどその付近を通ったので、大杉君を見舞った。日比谷の洋服屋、服部浜次君夫妻は、丸焼けに焼け出されてここに避難してきていたが、縁側で煙草を吸いながらボンヤリして座っていた。

「大杉さんはいますか」

といったら服部君は、

「アアいるよ、入りたまえ」

そうするとその側に遊んでいたマコちゃんが突然大声で、

「パパ！　パパ！　お客様！」

と二階を見上げて呼んでくれた。大杉君は原稿書きに疲れて昼寝していたそうだが、しばらくして下りてきて、庭の籐椅子にかけた。

「大杉さん、あなたはまだ生きていましたネ、僕は方々で、大杉栄の暗殺を聞きましたよ」と私が言うと、充血したような目をむき出して笑いながら、

「僕はこの通りさ、僕も訪ねてくる人から『大杉栄の暗殺』を聞かされるけれども、どこかの大杉はやられても、この大杉はかくのごとくに健在さ、アハハハハ」

と事もなげに言い放って、香の強い煙草を例のごとくスパスパやっていた。

「近ごろの流言やら騒ぎやらで、何か押し寄せてはこなかったですか」

「いやさっぱり……この辺は比較的静かなものさ」

「どこかへ出ましたか」

「焼跡を見たいと思っているが、何しろ君、歩くんだろう、たまらんから家にばかりいるよ。でも、この間の晩、ちょっと散歩と思って提灯つけてこの付近を回ったら、夜警していた連中が、『大杉の旦那が夜警してくだされば、主義者も鮮人も大丈夫だ』と喜んでいたよ」

そこへ野枝さんも出てきた。野枝さんは八月の初め長男ネストル君を産んでから、まだ一カ月そこそこの身体で、むろんその日まで外出はしていなかったそうで、外の話はことに興がっていた。焼け出されてから幾夜か日比谷公園に寝た服部君はこんなことをいった。

「何しろ丸焼けになると、焼けない家が癪に障るのは、どうも共通の心理らしいね。避難者中に随分こんな意味のことをいった不届者があったぜ」

「そんな奴が放火する気になるのかな」

「そうかも知れないね」

「今度の地震でそんなにたくさん放火した奴があったのかね」

私はこの問いを受けとってこんな事をいった。

「僕が七日ごろ、お茶の水付近を通ったとき、僕の後ろから鉄道省の制服を着けた二人連れの男がやって来て、鎌倉の地震のときの惨状を話していましたが、その一人がこんなことを言ってましたっけ。『何しろ鎌倉には大杉栄という社会主義の親分が住んでいたので、乾分《こぶん》二、三〇人を指揮して、随分あばれたそうだよ』と。たくさん放火したと伝えらるるのも、たいがいはこんな類いじゃないですかね」

みんな一緒に哄笑した。

「とにかく今度の流言飛語は大したものさ。宇都宮師団の参謀長のごときは公然と、東京の騒乱を社会主義者と朝鮮人と露国過激派との三角関係に因るのだと明言し、その地方の新聞は三段抜きで大々的に書いているのだから助からんよ」

「いったい主義者の放火というが、どの連中がやったのかね」

大杉君は不思議そうに言った。

「さあ分からんね。どうも郵便はきかず、電車はなし、同志の消息などちっとも分からんので困るよ」

服部君は困ったような顔して言った。

「分からんといえば、僕の弟の勇《いさむ》ね、あの川崎にいる。どうもあれの家も無論つぶれたと思っているが、音信がないのでその生死さえ懸念していたところ、今朝ようやく無事だというハガキに接して安心したわけさ。随分ヒドクやられたらしい。明日にでも見舞いに行こうと思っておるところさ」

大杉君は非常に弟妹に厚い男であった。その主義のため、その運動のために色々の不運の弟妹に来ることを、常に苦慮していた。そしてその時も勇君のことをしきりに心配していたのである。

私どもは地震以来の様々の珍談を談《しゃべ》り合った。そして玄米食には誰も弱ったことなどには等しく笑った。

「僕は玄米飯はあまり厭でもないよ」

大杉君はそういった。

「でも子どもが食べないので気の毒ですよ」

野枝さんはそういった。

「この間の新聞にあったじゃないか、一昼夜米を水にひたして、十何時間とか煮ればいいって……」

「ひたすのはいいとしても、十何時間側にいて炊く人が大変ですわ」

さらに野枝さんは言葉を継いだ。

「オートミルのようにしてやったら、子どもも食べるでしょう。私、明日そうしましょうかしら」

そのうちにマコちゃんが、蒸し甘藷を満たした鍋を抱いてきて、座敷中を持ち回り、俗謡の「どこまでも」の節で、

「おいもの蒸かしたのはいりませんか、蒸かしたおいもはいりませんか」

などと歌ったら、大杉君は、

「マコ！　おいもをおくれ、みんなに一つずつ上げなさい」

マコちゃんはその言葉の通りにして、なおも持ち回りを始めたら、野枝さんから、

「マコちゃん！　やめなさい！」

と強く言われたら、鍋を放り出した。甘藷は一面に散った。

「マコ！　仕方のない子だね」

野枝さんは叱りながら甘藷を拾い集めて、私どもの前に置いた。

私どもはなおしばらく談《しゃべ》り合ったのち、私が辞そうとしたとき野枝さんは言った。

「お宅はどの辺？　あの火葬場の付近ですか」

「エエ、火葬場と小滝橋との中間付近です。どうぞお暇のときお出でください」

「ありがとう。私、火葬場付近ならよく存じていますわ」

私は辞し去った。――そしてそれは大杉夫妻と最後の別れになったのである。

＊

越えて十八日、報知新聞は「大杉栄夫妻はじめ百余名を検束、憲兵隊の主義者検挙」と題し

て、大杉夫妻および長女が十六日夜、憲兵本部に拉致されたことを報じた。私は「ああ、あの翌日であったな」と独りその訪問の日を思い出しておったが、何たることであろう、その「検束の夜」はすなわち「殺害の夜」であったのである。あの平和なる家庭の父も母も、そしてその手に抱かれて嬉々として連れられて来た甥の宗一君も、無惨に殺されてしまったのである。平和の家にいま暴風が吹きすさんでいる。

こともなげに笑った「大杉栄の暗殺」は、その翌日事実となって現れたのであった。愛弟の健全を初めて知った喜びの翌日は、この世の暇乞いに行ったのであった。そしてその朝は、野枝さんは子どものために「玄米のオートミル」を作って食べさせたのだろうか。また野枝さんは「落合火葬場付近はよく知っています」といったのが、十日ならずしてその火葬場の灰になろうという予感があったのだろうか。

私にはすべてが夢のような気がしてならない。それから数日のうちにいわゆる「甘粕事件」が発表されて、事の真相はしだいに明瞭になった。しかし私にはそれでも夢のような気がする。あの平和の家の夫婦が「国賊」として殺されたということは、どうしても本当と思えない。というのは私は大杉夫妻を「国賊」であるないと弁ずるのではない。その前日子どもを中心として楽しんでいた平和の家庭の夫婦が、翌日はたちまち「国賊」に変わったのであるが、私にはどうしてもそれが別人のように思われてならない。甘粕事件の調書に表れた数々の事柄、たとえば社会主義者（その巨頭は大杉君を意味するのだろう）が、鮮人を煽動したとか、野枝さんが震災当時爆弾を抱いて活動したというような事柄は、本当に事実であろうか。私には何が何やらさっぱり分からない。

しかし大杉栄君夫妻の殺されたのだけは、どこまでも事実に相違ない。

＊

大杉君は私にとっては、生涯を通じて忘れがたい先輩である。私は郷里新発田《しばた》において大杉君の家と背合わせに住んでいて、同君の死んだ弟伸《のぶる》君とは、文字どおりの竹馬の友であり、また妹の松枝さん（栄君の子の一人を養子にしている）とは、小学校では同級生であった。そして大杉君が幼年学校に入って、剣をもって帰ってきたことは、私ども軍人の子弟には非常の羨望の的であったものだ。かくして遅れて数年、私もまたその羨望どおりに仙台の幼年学校に入ることができた。しかしこの時、大杉君はすでに名古屋幼年学校を退校されて、外国語学校に学んでいた頃だったと思う。

私は幼年学校を終え、士官学校に来た大正元年に、はしなくも何年ぶりかで大杉君に出逢った。そのとき大杉君は出獄したばかりで荒畑寒村氏と『近代思想』をやりだした時であった。家は大久保百人町で、こんど殺された宗一君の母あやめさんは、まだ十二、三歳の小娘で、兄の家に世話になっていた。私は『近代思想』によって初めて「社会」を見た。そして私の思想はこのときを転機として、まったく変わった方に進み、ついにのち九年目に、大杉君と交際したとか何とかの名で陸軍を放逐されてしまった。その後私は不幸にして大杉君の主義と運動とに共鳴するところ少なく、同志としてはまったく交わらなかったけれども、個人としては私は最後まで、非常に親しい懐かしい、また尊敬する先輩として交わっていた。

陸軍将校の子と生まれて、軍人になりかかった大杉君は、偶然にも軍人から殺された。しかも殺した甘粕大尉は名古屋幼年学校の第九期生で、実に大杉君の六年後輩であるのだ。「国士」も「国賊」も共に、陸軍の学校から出たということも一奇である。過日私の同期生で今は軍職を辞した水島周平君が、東京日日新聞の「角笛」にこんな投書をした。

「……まだ志操もかたまらない十五、六歳の少年を、厳格な軍隊的規律のもとに教育する方針で収容する幼年学校は、塀一重を境にまったく社会との交渉を絶ち、……人間味の乏しいつめたい空気の中にあって、ひたすら軍国主義的国家観が注入され、……ともすれば彼らの心に、独尊、偏狭、狷介等の性質が芽ばえてくる。乃公《だいこう》出でずんば天下国家をいかんせんとうぬぼれ、東洋豪傑を気取り、世界征服を夢みるようになる。……誰でもみな自らいわゆる「国士」をもって任ずるようになるのだ。

今度の事件でもそのとおり、猿芝居の猿が教えられたとおり踊ったまでだ」

私はいま何も評論を加える気が起こらない。私は大杉君の死に当面して人世の様々の奇縁を思っている。人の運命が明日にどうなるか分からないものだと思う。私がなお歩兵の将校のとき、なぜか憲兵になりたくて、熱心に志願したが、不幸にして選抜から漏れて落胆したことがあったが、もしもそのとき憲兵になっていたら、あるいは今——操觚《そうこ》界の名もなき木っ葉武者となる代わりに——「国賊」大杉栄を殺害する「国士」となってるのではあるまいか。

印象二三

土岐善麿

大杉はよく筒袖の着物をきていた。これは一時、社会主義の人たちの間にはやったものらしい。おれは長袖者流とは違うぞというような一種の誇りもあったろう。またちょうど一般の画学生が頭髪をボヤボヤに伸ばし、黒のネクタイを修多羅《しゅだら》なく結びぱなしにしていることが、清貧に甘んじて芸術にいそしむ、という特異さをみせていると同様な心理もあったろう。しかるに、大杉の筒袖は、そういう窮迫した木綿のゴツゴツの、油じみたり垢づいたりしたのとは違って、いつも堂々たる大島の、着物と羽織と上下揃ったようなのである。

「社会革命家」とか「労働運動者」とかいうものの服装としては、たしかにオゴリすぎていた。筒袖でないときは、八端《はったん》のドテラをゆったりとひっかけて、それで町なかをおし歩いていた。この服装の贅沢さは、一種の着道楽は、大杉の性情の一面をあらわしていたと思う。アナキズムとかサンジカリズムとか、大杉の思想傾向としては、よごれた菜葉色の労働服でもブッリときて、埃まみれの争議の中を飛び回る、というようなのであろうが、その生活気分、その趣味としては、大杉はよほど貴族的で、その素質の上に多分に詩人的なところがあったようである。中肉中背で、からだ全体のポーズもよく、顔色は浅黒く、健康そうで、肺のよわさなどを外見、想像もさせなかった。沢々しい頭髪をキザでないていどのクシャクシャに撫であげて、鼻の下のひげのほかに顎の下にもフランス風の矮《ひく》いひげをはやしていた。――このあごひげは、パリから帰ったとき、却《かえ》ってそりおとしていたようにおぼえているが――。すこし反身になってマドロス・パイプをくわえて、大島の筒袖をきて、ステッキをついて、のっそりと立った風は、いかにも貴族的で、しかも一種の威圧と人懐かしさと、不遠慮な中にも含羞《はにかみ》があり、強さと図太さの中に、また臆病さと愛嬌があった。その男ぶりは、女惚れさせたと共に、男惚れもさせたに違いない。大杉が、その周囲に、たとえ主義や環境のうえから絶えず集散離合の事実はあったにしろ、幾多の「同志」をあつめて、その人たちの推重敬愛の中心になっていたと共に、いわゆる「社会主義者の巨頭」として、艶っぽすぎるほどの恋愛事件などをひき起こしたその原因の一つは、ここにもあったのではないか。

しかし大杉自身も、その思想傾向と生活気分と、相容れ相反する性情の苦悩には、随分その不徹底さを口惜しくもおもっていたらしい。人類生活の理想としてのアナキズムへ、社会革命を主義として説きながらもさてその詩人的な情感は現在の社会制度の根づよさ、現実生活の断ちがたさに対して、自己の力の不甲斐なさと執着と、享楽的な生活気分の悲しみ、自己を憐れむところをおさえかねていたようである。これについては、ずっと以前、友達の新しい詩集の批評に託して、「籐椅子の上で」という文章に告白したことがある。大杉の内面生活の本当のところはその熱意のある論文などよりもむしろこの文章のなかに最もよくあらわれていたと思う。

大杉の詩人的な素質が、かれをアナキストにしたともいえる。大杉が初めて獄中生活を送ることになったのは、クロポトキンの『青年に訴ふ』というパンフレットを紹介したためであったかと思うが、このパンフレットは、詩人的な素質のものを特に社会意識のうえに涙ぐましくゆり動かさずにはおかない。それはまだ十八か十九の少年であったらしいが、それからしめ殺される最期まで、その思想の「危険」であるかないかは別問題として、相互扶助や自伝その他、クロポトキンの思想、生活の祖述につくした大杉の努力は、記念していい。この記念していいことが一面からみると、ああいうむごたらしい死への努力であったかも知れない。

クロポトキンの生い立ちや境遇や事業とは多くの相違点があったにして、その素質や気魄には、大杉がクロポトキンと一脈相通ずるところがあったかと思う。第一、貴族的な、というところもそれであるが、科学に対する十分の理解もあり、詩人的情思のゆたかであったことなど、大小の差異こそあれ、両者相一致していないか。実際運動の方面において、大杉もモウだめだとある一部に言われるようになっていた半面は、かれの晩年にますます際やかに発揮されたかれの詩人的天分のためではなかったか。クロポトキンが英京郊外の閑居に亡命客としての静かな生活を送っていたとき、こんな境涯にあってもピアノは欲しくてと言って、それを楽器店から月賦で買い込み、つつましい老夫人と、やさしい娘と一緒に、研究や著作の余暇をその弾奏に楽しんだ、というような逸話を聞いたが、大杉にもこんなところがある。大杉が憲兵や刑事につかまえられたとき、洋装の妻と甥と並んであるきながら、果物店でいくつかの梨を買い求め、それをバスケットに入れて持ったまま留置されたというが、やがて不意の暴力にあう前、憲兵からナイフを借りて、梨をむいて喰ったという事実の伝えられたのも大杉らしい。ああいう時変に、ああいうところへ連れこまれることなどは、大杉はすっかりなれていたのであろうが、いかにナンでも後ろからしめ殺されようとは思いも設けなかったであろう。社会思想家としての大杉の最後の場面に、この梨の点出されたことは、たまたまかれの性情や生活気分の表徴のような気がしてならない。

大杉が「革命思想家」として、どの程度の実行力を持っていたか、この方面について僕はほとんどまったく知られないが、何かとずいぶん忙しく、よけいな時間も潰されていたように想察される。それにもかかわらず、かれの四十歳にも達せぬ生涯に、文筆労働者としても相当に多くの仕事を残している。その信念が、あれだけの仕事を残している。その信念が、あれだけの仕事の統一さをもたせたものといっていい。訳書に、論文に、創作に、感想に、もし全集の出版が計画され、そして発行を許可されたらば、それはただ単なる一般文学者たちの相当な努力よりもさらによほど大部なものになるに違いない。先ごろパリへ着いてまもなく、フランス官憲の手につかまったというが、そのメーデーの大道演説は、大杉が初めてフランス語で聴衆の前にしゃべったものであったという。日本へ帰ってから友達に、「いきなり立ったのだが、案外うまかったぜ」と得意げに話したというが、それを眼のあたり聞いたものは日本の友達に一人もいなかったから、うまさの程度はわからない。しかしフランス語はよほどよく読めたらしい。イギリス語は元よりであるが、ロシア語も読めたし、ドイツ語もいけた、スペイン語もやれたということである。何でも大杉は、監獄へブチ込まれると、その機会に新しく一国語を独習することにしていたらしい。大杉の監獄へブチ込まれた度数は、かれのおぼえた語学の国数でわかるといっていいのかも知れない。大杉にとって監獄は一種の語学校であり、また書斎でもあったか。しかし晩年、その愛人と同棲して、かわいい子どもたちまでいくたりか生まれてからは、モウさすがの大杉にとっても、監獄は「監獄」であったに違いない。それだけかれの実際運動における力はだんだんと欠けてきたのではなかったか。「革命家」としての大杉の晩年は、チト著作がよく売れすぎ、印税があまり入りすぎたようである。

あの大杉の「眼」も今ではつぶってしまったか。大杉はいい眼をもっていた。かれを「巨頭」らしくみせた顔つきは、その眼があずかってよほど力がある。大きく円く、じっと見つめられたとき、恋の女性は未練の短刀を懐中に忍ばせなくてはいられなかったろう。憲兵の大尉は真正面から向かわずに、うしろから忍び寄らねばならなかったろう。神近市子に葉山の日蔭の茶屋で刺されたとき大杉はびっくりはね起きて、人殺しと叫んで廊下へ駆け込んだとかいうが、ああいう事件では大杉も死に切れなかったに違いない。不思議なことに、あのとき咽喉を突かれてからドモリがいくらか癒《なお》ったということであったが、それでもどもっていた。この時々発音に故障を感じるとき、大杉は大きな円い眼をギロギロとしばたたいて、投げ出すようにしゃべった。それがかえって鈍重な、悲壮な顔つきにもした。絶命までの五分、大杉は黙々として一語も発しなかったという。人殺し！ などと叫んでジタバタしなかったところは大杉としていい最期であったといっていい。大杉はあのドサクサ紛れの中に、黙々として死んだが、事件発覚と共に世論の声は「左」からも「右」からも随分大きくなりつつある。もって瞑するか、瞑しないか。

大杉君の半面

近藤憲二

大杉君は吃りのくせになかなかのおしゃべりだった。ちょっと見たところは、とっつきの悪い、いかにも一癖ありそうな面構えであったが、そして実際、気に喰わぬ奴と話すときなどは、あの大きな眼玉で睨みつけて、投げつけるような、詰問するようなものの言い方をする男だったが、どうしてなかなかの愛嬌者だった。宿屋やカフェの女などにも随分うまい戯談やからかいを言ったものだ。

「大杉君にあんな芸当があろうとは知らなかった」

大杉君をよく知らない大概の人は、こう言って驚いたものだ。

大杉君が如才のない愛嬌者だったのは、ただこうした種類の女にだけではなかった。だれにでも、少なくとも彼に敵意やわだかまりをもたない者にはだれにでも、ごく愛想のいい面白い男だった。ことに最近は、先日の「読売新聞」に内田魯庵氏が書いていられたように、角がとれた、いかにも子福者らしい円満ぶりを見せていた。

「大杉君も近ごろだいぶ変わってきたねえ」。僕らはよくこう言い合ったものだ。

まったく最近大杉君は、四、五年以前ほどの乱暴ぶりはあまり見せなかった。電車に飛び乗った後を、まかれまいと思って一生懸命に駆けつけてようやく齧《かじ》りつこうとする尾行を、彼がよく好んではいたあの幅広い駒下駄で蹴落とすといったような乱暴ぶりはあまり見せなかった。

＊

大杉君はひどく子ども好きだった。ことに魔子にとっては本当にいいパパだった。少し仕事の暇なときなぞは、魔子と二人で半日でも一日中でも遊び暮らしていた。先ごろフランスへ行ったときに、みちみち寄越したどの手紙にも、魔子のことが書いてないことはほとんどなかった。ことに上海からであったかフランスからであったかよくは覚えないが、「どうして魔子も一緒に連れて来なかったかと、こんな馬鹿なことも考えたりする」と書いてきたり、パリのラ・サンテの牢屋で自作の魔子の唄を歌っていると、ちっとも悲しくはないのだが、なぜか涙が流れてきた、というようなことを書いているのを見たときには、僕は妙な気持になった。そしていったいフランス行きは、彼が勝手に自分で決意して行ったのには相違なかったが、横から大いに賛成したことが何だか気の毒なことをしたような、「馬鹿なこと」さえ考えられたくらいであった。

大杉君の子ども好きは、ただ自分の子どもたちだけではなかった。電車や汽車の中でつい座りあった子どもなぞにもよく相手になった。

「将を射んとするものはまず馬を何とやらいうじゃないか」

僕はこんなことを言って冷やかしたこともあったが、大杉君はまったく野心なしにどんな子どもでも好きだった。子どもも初めのうちこそ驚いた顔つきをしているが、すぐによく懐いた。

＊

野枝さんに対しても大杉君はいい亭主だった。独り者ばかりの若い連中がいる労働運動社にいたときは、少しは遠慮していたようだが、それでも時々、あの面構えにも似合わないやさしさで話し合っていることがあった。そしてこれは野枝さんの少しご機嫌の悪いときによく使う声であったが、まるで駄々っ子に言うような一種特別な甘い声を出してご機嫌を直していることともあった。

「大杉の奴いい年をしやがって、あの声ったらなんだ」

僕らはこんな陰口をきいたこともあった。決して妬いたのではないが、二人はまったく仲のいい夫婦だった。

大杉君は女から無論よく惚れられた男には相違なかろうが、そんな意味でなくまたよく女に好かれた。それは彼の豪放ないわゆる「男らしい」半面に、前にいったような優しさと、愛嬌と、そしてさばけた軽口が、容易に彼を親しませたのだと思われる。

「君のような調子では駄目だよ、女という奴は少し隙を見せてやらなきゃ近寄ってくるものじゃない」

大杉君はよくこう言って、彼のいわゆる女を作る秘訣を教えてくれたものだ。しかしこの秘訣は、僕に教えたものではなくて、彼自身の経験を告白したものであったろうと思う。

何しろ、大杉君は女はきらいではなかった。したがってこの方面のことをも少し書けばいいのだが、そして村木君や和田君がしきりにそれを横から煽動しているのだが、女の話はもうこれ以上煽動に乗らないことにする。

＊

大杉君は社会運動者としては人一倍多くの敵を持っていた。ただ官憲や反動思想の所持者からだけではない、同じ社会運動者の間にでも人一倍多くの敵を持っていた。しかし少なくとも、少しでも彼の性質を理解しているものには、それが官憲や反動思想の所持者でないかぎり、腹のどん底から彼を憎むことはできなかったようだ。迷惑を感じながらも、攻撃されながらもやはり捨てがたい男であったようだ。そこに彼の人間としての甘味と面白味とがあったのだ。

「借金にはよく来るが仕事の方は一向やってくれないので、いっそのこと喧嘩しようかと思ったことは幾度あるか知れないんだが、どうも逢ってみると何ぶん気持のいい男なのでねえ」

ある出版屋の主人なぞは、よく僕にそう言ったことがあった。そしてそう言う口の下から、やはり大杉君の無理を聞きいれていた。

＊

借金のことにかけても随分ひどいやりっ放しで、「なにそのうちにどうにかするさ」という調子であったが、この「どうにかするさ」というやり口は運動の上にもよく見られた。

「要するに理屈は理屈さ、もっともらしい理屈ほど嘘だよ」

よくこんなことを言った。そして自分でもよく理屈を書いたり言ったりするくせに、

「理屈はそうさ、しかし実際はどうなるか分からないよ」

といった調子であった。これは僕のような理屈ぎらいな男にも親しむ隙を見せてくれたのであったかも知らぬが、決してそうばかりではなかった。やはり彼は本気でそう言っていたのだ。

僕は大杉君のこのやりっ放しな、一種の臨機応変的なところに、そしても一つには実に賭博根性を多分に持っていたところに、最もよく彼の叛逆人らしいところが現れていたと思う。賭博根性といっても骰子を転がす賭博が好きだったのではない。運動のやり口に、乗るかそるかだやってみようという冒険心を多分に持っていたのだ。で、ほんの少しでもやり通せる見込みがつけば、しゃにむに無鉄砲にやってのける性分であった。そして失敗《しくじ》っても少しも悔いなかった。さらに新しい冒険を計画していた。冒険から得た経験を、そしてそれに伴う恐怖のまじった逸楽を、得がたい獲物として喜んでいたのだ。

こんなふうに、やり始めると臨機応変的になり、賭博根性を出す彼であったが、何かやり始める最初は実に驚くべき細心の注意と、こと詳細な献立表を作り上げてから取りかかるのが常であった。尾行一つまくにしても、「どうだ、うまくまけたかなあ」といって、完全にまけた

はずのを三度も四度もふり返りふり返りした。

＊

大杉君はちょっと見たところ、ずいぶん飲めそうな顔をしていたが、酒はほとんどまるで飲めなかった。奈良漬けの三切れ四切れで顔をぽっとさせるくらいの本当の下戸党だった。パリの牢屋で飲み覚えて、フランスから帰ってからは少々飲むには飲んだが、それも文字どおりほんの少々であった。

ある時、誰だったかと一緒に夕飯を食ったことがあった。その誰だったかは随分いける口であった。大杉君が煙草ばかりぱくぱく吸っているのを少し気の毒に思ったのか、しかし飲み始めるとすぐとは止せないので、

「酒という奴は狂人水でいけないのですが、やり始めると病みつきになってしまいまして」

と遠慮しいしい飲んでいた。大杉君は例の戯談まじりに、

「いや結構ですよ、僕らは生まれつき正気の狂人なんだから始末にいけません」

というようなことを言って笑ったことがある。

まったく大杉君は「正気の狂人」であった。この頃だいぶ角がとれて円満になったとはいう

ものの、生まれつきの「正気の狂人」はやはり大杉君のからだから少しも抜けなかった。しかし僕らにとっては本当に心強い「狂人」であった。

僕はどんなにこの「狂人」から教えられるところが多かったか知れない。

善き人なりし大杉君

――馬場孤蝶

一

大杉栄君と伊藤野枝君が、官憲の手で惨殺されたということは、何だかまだ本当のことではないような気がして仕方がない。国法執行の職にある官吏が、国法を無視して、残虐を行った今回のごとき例は、官民の軋轢はなはだしかった明治十五、六年ごろにさえなかったことであるので、文明の世での事件としては、それが真実の出来事であるとはちょっと首肯しかねるような気がするのだ。

国法を犯さざる者は、国法の前では何人も平等に無辜《むこ》であるという原理は、われわれは神聖なものであると思うのであるし、また人命のどこまでも尊重すべきものであることを確信するわれわれは国法擁護、人命保護の任を託された官吏が、私見によって公の機関を動かして、その職任にまったく背反した暴虐をあえてしておいて、それはただ個人としてなした行為であると揚言し、さらにまた国家あっての国法であるのだから、国家のためには国法を蹂躙するもやむを得ないという考えを公表するを見ては、その人のあまりに没分暁なるに唖然たらざるを得ない。

われわれは、国家は国法によって維持されているものと考えている。国にして国法なくば、それは国ではなくして、人間のただ烏合している集団にすぎないのだと考えている。われらは国家と国法とは不可分のものだと考えているのだ。国法はその国に住むすべての人びとの間の公の約束であって、これがなければ、人民は拠るところがないので、めいめい勝手なことをするわけになるので、国というごとき組織的な団体は成り立ちようはない。

われわれは司法権が天皇の御名によって執行されるものであることを教えられると共に、すべての国法が天皇の御名によって執行されるものであることを推定せざるを得ない。

陸軍の法務官に対して虚偽の陳述をすることが、恐怖すべきことであるならば、私見によって、自己の職分に背いて、国法を蹂躙することはなおいっそう恐怖すべきことである。

かかる見やすき道理を解し得なかった甘粕某の頭はよほどどうかしているものと思わざるを得ない。

大杉君夫妻がそういう頑冥な考えのために犠牲にされてしまったことは、ことに悼むに余りあることである。

大杉君夫妻の死によって、世間の正義の考えが喚起されて、軍憲などの間に潜んでいる頑冥な考えが一掃される機縁を作るということになるのならば大杉君夫妻の死も全然犬死とはいえぬことになるのであろうが、大杉君夫妻をよく知っておったわれわれにとってはそれにしてもあまりに大なる犠牲であるように思われる。

しかしながら、何といっても、大杉君夫妻はもうこの世にはいない。あのぶっきらぼうのようで、どこからか温情の溢れてくるような感のする大杉君にも、いかにも優しみのある、いつまでも娘らしい可愛らしい笑顔を失わなかった野枝君にも、もうふたたびその声を聞き、その風貌に接することはできないのだ。僕はまず大杉君のことを思い出ずるままに左に記して、大杉君を悼むの意を表したいと思う。

二

大杉君のいわゆる主義については、僕は多く言うことを持っていない。僕は大杉君の主義を論評するに足る知識を持っていないのだ。大杉君がいかなる主義を持ち、いかなる終極の目的に向かって活動していたにしたところで、その主義の行われるのは、その終極の目的に達するのは決して早急のことだとは思っていなかったであろう。ところで、われわれは、いくら主義がよくっても、目的が立派であっても、それに達するまでのその人の行動が無意義であっては、なんの価値もないことだと思うのであるから、大杉君の一生を見るときには、君が既往十四、五年ほどの間に、実際なしたことの大体に注目すべきであると思う。

運動者としての大杉君の価値は、×××××××××××××××××、×××××××××××した点にあると思う。労働者に対する待遇についての世間一般の考えが進んできたことは、××××××××××いつの間にか輿論《よろん》を喚起するに至った結果であると思う。言論の自由の範囲が数年前から大いに拡張さるるに至ったのも、たしかに××××××なる言論のたまものであると認めざるを得ない。これらは、大杉君およびその同志の人びとの功労の重なるものであるのだが、その他にも、大杉君らの捨て身××××××××、××××××××××××××××××××××。

われわれから見た大杉君は、いかにも善き人であった。情の厚い憐れみの深い人であった。いわゆるものの道理のよく解っている人であって、何しろ、優れた才人であったので、自分の行動については、楯の両面を見るだけの自省はたしかに持っておった。思慮あり、理解力の鋭い人であることは、ちょっとした対話のなかにもすぐ表れるのであった。一見しては、朴訥な倨傲なふうに見えたのだが、あの凄い眼をパチパチやりながら、秩序整然と話す言葉には、人間としての温かみがどこからともなくしみ出てくるような気がして、人を引きつけてやまざるところがあった。大杉君は女子供とも話のできる人であった。僕はある時、大杉君に向かって、

「はなはだ失礼だが、僕はこの頃、貴下がだんだん斎藤緑雨に似てこられたように思われて仕方がないのだが」

と、言うと、大杉君は同行の若い人――あるいは五十里《いそり》君ではなかったかと思うのだが――を顧みて、

「大いに光栄だね」

と、微笑を含んで言った。

大杉君自身からは、

「私はあまり広く人とつきあうのではなし、世間をそう広く知ってはいませんが、私が人情というようなものを解することのできるようになったのは、監獄にはいったお陰だと思っています」

という言葉を聞いたことがある。僕はそのほかにも監獄にかんする面白い話をいくつか大杉君から聞いたので、葉山事件の少し後かと思うのだが大杉君がだいぶ金を要する状態であったので、新聞へ交渉して「獄中記」を書いてみたらどうだと勧めたことを覚えている。『獄中記』が出たのは、それよりどうしても二、三年ほどたってからであったろう。

三

大杉君は憐れみの心の深い人であった。僕のうちの猫が生んだ二番子が一番子に頭を手玉にされて、眼を爪で引っかかれて盲になってしまった。その盲の子猫が見えぬ眼を上向けて見張るようにして、二階の僕の部屋へ入ってくると、来合わせていた大杉君は、子猫の傍へ顔を寄

せて、

「貴様はかわいそうだなァ」

と、言ってから、すぐ、

「さァ、来い、来い」

と、お召しの着物の膝を叩いた。

身寄りも、さしての友達もない江連沙村《えづれさそん》が病気になったときに、大杉君は刑事に頼んで、すぐ施療院に入れてくれた。江連の最後の病気のときにも、大杉君が同じように世話して、施療院へ入れて、そこで生を終わらしてくれたように聞いている。江連は知人間にいろいろ世話をかけた男であったので、あまり親しくない大杉君にさえ世話をかけたことがかなりあったろうと思われるにかかわらず、大杉君はそれらのことについては、われわれにはほとんど一言も言わなかった。江連については、知人がみな非難の声をもらしたけれども、大杉君からは、江連に対する非難を一言も聞かなかったと思う。

大杉君の先夫人保子君のお里にゆかりのあった或る老婦のごときは、大杉君の親切にひどく感激していた。

大杉君の憐れみ深い人であった実証を持っている人は、君の知人のなかには、かならず多かろうと思う。

大杉君の心に、虐げられたものに対する慈悲心が燃えているようなのを、われわれは貴しとしていた。

大杉君はいかにもさっぱりした男らしい心持の人であった。堺君との意見の相違についても、「堺はわれわれの大先輩ですが、これに閉口しているようでは駄目だと思って、この頃では、強いていちいち突っかかっていくようにしています」

と、笑いながら言った。それは大正元年の秋で、大杉君と心安くなってからまもなくであったと思うのである。

それから葉山事件の少し前ぐらいであったかと思うのだが、大杉君がある雑誌社の社長に対して憤るところがあったので、堺君、荒畑君、安成君などが仲へ立って、その社長と融和するための宴会を築地かどこかで催したところが、大杉君がまたその社長のある言葉に感情を害しておこり出したので、堺君が傍から軽い言葉で取りなそうとすると、大杉君は、

「君のそういう言葉が気に入らん」

と怒鳴って、堺君の顔へコップを叩きつけたので、堺君の方もさすがに憤然として盃か何かを投げつけたというのであったが、その事件があってから少したって大杉君がやって来たので、

「この間はひどく憤激したそうですね。堀保子君が来られて、『女ができると気が折れるということは、世間でよくいうのですが、大杉のは、女ができて気が荒くなるのですから』と言って、笑っていましたぜ」

と、言うと、大杉君は苦笑していたが、やがて、

「堺には、これまでは、どう突っかかっていっても、いつも相手になってくれないので、弱っていたのですが、今度ばかりは、本気で相手になってくれたので、よほど心持がいいのです」

と言ってくすくす笑った。

それまでにさまざまなことで感情が疎隔してゆきつつあるにかかわらず、大杉君の胸には、ともに水火のなかを潜ったこの先輩に対する暖かい心持は消えてはいないのだと思って、僕は大杉君のその言葉を決して悪い心持では聞かなかった。

遠藤無水君の「社会主義者になった漱石の猫」が出たときにも、その小説に取り扱われている堺君のことについても、

「ああ誤解されていては、気の毒ですよ」

と、大杉君は言っていた。

四

葉山事件に至らぬうちの、恋愛の錯綜時期には、その渦中へ少し足を踏み入れざるを得なくなったので、大杉君に面談する機会が多くなったのだが、大杉君は、

「とにかく、損な位置をみずから選んだということに重々承知していますが、行き詰まった境地から何らかの活路を打開するためには、こんな方面へ出るよりほかはなかったのです」

と、少し憂いを帯びたような顔で言った。

大杉君は思慮の深い人であった。かなり話好きであったように思われるにかかわらず、他人の悪口などはあまり言わなかったし、不必要な話はほとんどしなかった。どんなことを話しても、いかにも要領を得ていた。大逆事件などのことは、僕の方からも聞こうとはしなかった。大杉君の方からも、ほとんど何も言わなかった。

ある時に、ゾラの『ジェルミナル』のなかの罷工鉱夫の群れへ兵士が発砲する条下の話をす

ると、

「私どもはああいうのを見ると、ひどく凄惨なる心持がします。ああいうのを見ると、大罷工などは濫《みだ》りに起こすべきものではないと思います」

と大杉君は沈んだ声で言った。

原敬氏が刺された時分、大杉君は鵠沼《くげぬま》の東屋〔旅館〕にいたそうなのだが、同じ旅屋にいた若い知人〔佐藤春夫〕の部屋へ来て、

「原首相が暗殺されたという話だから、いま尾行を号外を買いに藤沢へやった。号外が来たら見せよう」

と、言い、それから少したって、

「こういうんだ」

と言って、号外を見せに来たのみでなに一言も言わなかった。

「自分の気のせえかも知れぬが、大杉はたしかに憂色を帯びていたようであった」

と、その若い知人は言っている。

思慮のある、かつ憐愍《れんびん》の心の深い大杉君は、今度の震災を見て天譴《てんけん》だなどとは、思いはしな

かったろう。富が平均して面白いなどとは思いはしなかったろう。

内田魯庵氏の書かれたところによると、大杉君は大震後は毎日、末の幼児を乳母車に乗せて、子守りばかりをしていたという。知らず、この温情の好漢の胸には、震災に死ねる、震災に苦しめる幾十万の犠牲者に対する堪えがたき憐れみの念が往来していたのではなかろうか。

大杉君にはじめて逢ったのは明治四十五年の二月ごろかと思うのだが、大正元年の秋から、二、三年の間はかなり度々、ぼくの市ヶ谷田町の僑居《きょうきょ》へ訪ねて来た。本村町へ越してからも、十回ぐらいは来てくれたと思う。が、いつの間にか、疎濶《そかつ》になってしまって、かれこれもう二年ほどは会う機会がなかった。九月の七日ごろに見舞いに来てくれたそうなのだが、僕のうちは屋根が破れたので雨漏りを避けて婿のうちへ行っていたので会い得ずにしまった。

五

大杉君の生家の門地については、何も聞く機会がなかったが、相当の紳士の家庭に育ったのであろうと思わるる。大杉君はなかなか趣味の広い人であった。ああいう才人であったのだから、頓知とか、当意即妙とかいうようなことは、ひどく面白がっていたようである。したがって言葉のあやとか、匂いとかいうようなものに対する反応力もかなり強く持っていたと思う。大杉君の言動はいつも率直を極めたものであったにかかわらず、他人のこととしてはいわば回りくどいような事柄にも十分理解を持ち、趣味を覚えたのは、面白いことだと思う。

大杉君のごとき境遇のファイターとしては、強情もヒガミもあるようになるのは自然やむを得ぬことだと思うのだが、われわれの接した大杉君は、ただの強み一方の人ではなかった。相当の意義あり趣味ある話なら、よくその要領をつかみ得る人であった。優れた読書家の常であるように、一見しては下らぬことのような断片的な知識をも頭から軽んじはしなかった。

何といっても、死はわれわれにとっては厳粛な事実である、何でもない知人であっても、死んだと聞いては、その人の善かったところが、いろいろと思い出さるるものである。まして、われわれのごとく、大杉君の人としての善き部分にのみ接するを得たと思わるるものにとっては、大杉君いまや亡き今日、追惜の情のみ胸に湧くのは当然である。

かつて、いわゆる赤旗事件の当時、神田の警察署内での、拘束者に対する処置が過酷であったことを伝聞していたので、ある時、大杉君にそのことを聞いてみた。

「それは仕方がありません。こっちも思う存分暴れたのですから」

と、大杉君は洒然《しゃぜん》として笑っていた。

今度の事件でも、大杉君だけの問題としてならば、

「それは敵をたおす手段としては、当然のことでしょう」

と、どこかで笑っているような気がする。

大杉君の人為だけしか知るを得なかった我々にとってさえ、大杉君について書きたいことは決してこの短い追懐だけで尽きはしないが、課せられた枚数の都合もあるので、まずいったんこれで擱筆《かくひつ》する。

追憶断片

宮島資夫

　もう八、九年ばかり前のことだ。その時分、大久保に住んでいた大杉君の家で、死んだ荒川義英君と荒畑寒村君と落ち合ったことがあった。そのとき何かの話の末に、荒川君が、

「しかしこんなに皆を邪魔にして、ゝゝゝゝゝゝゝゝゝゝゝゝゝゝゝゝゝゝゝ」と才気走った眼をキョロキョロさせて言いだした。

「それは本当に僕も不思議だと思うんだ。向こうにはあらゆる便利があるんだからね、何かうまい方法を考えてやられたら、それっきりだと思うことがあるよ」と荒畑君が答えた。そして、米国における資本家のゝゝゝ、ゝゝゝゝゝゝゝゝゝゝ。ゝゝゝゝゝゝゝゝゝゝゝゝゝ、IWW〔世界産業労働組合〕の闘士のそれに対する報復の方法やを色々と詳しく話してくれた。階

級闘争が、激烈になればなるほど、双方の態度は真剣になり、残虐性を帯びてくる。いつの会合に出ても最年長者であった斎藤兼次郎老は、

「なんでもいいから、大杉さんや荒畑さんはできるだけ身体を大切にしてください。あなた方が生きているというだけで、それもう一種の示威《おど》しになっているんですから」と老人らしい口調で心配らしく言うのも幾度か聞いたことだった。その頃は、サンディカリズム研究会などというものも、ほんのまだ微々たるものであっただけで、圧迫に対する対抗手段にも力がなかったが、それだけに、大杉君らの身体も心配するほどのこともなかったのであったが——、

大杉君は話をしているときによく、

「ゝゝゝゝゝゝゝゝゝゝ、ゝゝゝゝゝゝゝゝゝゝゝゝゝゝゝゝゝゝゝゝゝゝゝ」と言いながら、あの大きな眼玉をキョロツかせて、唇を突き出して頬っぺたをふくらませて滑稽な顔をしながら、呻《うな》ってみせることがよくあった。そしてとうとう、甘粕某のために、柔道の手とかいうやつで絞め殺されてしまったというのだが、死ぬときにやっぱりあんな顔をしたかどうか、絞殺されたという新聞の記事を読んだときに、まず第一に記憶を再現させたのは、あの頬っぺたをふくらませた顔だった。大杉君の身辺を、斎藤老人が、憂えた頃には、彼の勢力も敵をして憂うる

に足らしめるほど大きくなかったために、彼の身体は安全に過ごせたが、敵をして戦慄すべき手段に出でしめた今日は、果たしてとかく偉大な勢力を張っていたか、そしてまた、彼一人の死によって、その勢力に頓挫を来たすかどうであるか、それはいま論ずべき問題でもないからやめにしよう。

アルツィバーセフの作品「労働者セイリオフ」が、初めて翻訳されたとき、近代思想に寄贈されたその書物を読んでしまうと、「面白い本だ、読んでみたまえ」と言ってその本を僕に貸してくれた。そして僕がまたそれを読了して返して行ったとき、

「どうだい君、痛快な書物だろう、セイリオフの最後はまったく羨ましいね」と言ってにこりと笑った。劇場の中まで追いつめられて、反逆の血の燃え切ったセイリオフは、携えていたピストルを乱射した挙句に、ついに警官の手に捕えられた。そのときに彼の眼の中で光った冷やかな、無関心にも似たまなざしの姿は長く僕の心の中にいりついていた。セイリオフの死を喜んだ大杉君は、大地震の災害を背景に、乾燥無味な落莫とした憲兵司令部の一室で、ピストルを乱射するひまもなく、甘粕の腕で咽喉を絞められてしまったのだ。そのときの彼の眼は、どんな光を放ったことであろうか、色々なことを僕は想像する。

思い切って大胆な行動に出ると共に、女のようなハニカミや臆病さを持っていたり、鋼鉄のような堅さや鋭さも示すと思うと、恐ろしく繊細な神経質ぶりを示すことが、大杉君の特質であったとも言われるだろう。しかし人間の性情が、薪ザッポーのように単純でないかぎり、こんなことは誰にでもあることである。が、ただ大杉君の場合には、その二つの要素が恐ろしく際立って、ハッキリと他人の眼に映ってきた。大杉君の文章を見ても、この二つの要素は明らかにうかがうことができていた。

学問に対しては、恐ろしく忠実であり、思索の方法も極めて厳密だった。が、しかし、それが一度行動に移ってくると妙に、芝居気たくさんに見られるようなことがないでもなかった。社会主義同盟の大会当時、毛布をかぶって会場に潜りこみながら、検束されるときになると、「俺は大杉栄だ」と大声叱呼しながら、引っ張られて行ったのなどもその一例だ。

この頃になっては、尾行巡査などと対しても、大して脅しつけるようなことはなくなったらしいが、以前はずいぶん激しい方だった。小石川の武島町にいた時分、二階で何か話しているうちに、大杉君は便所へ降りていったと思うと、下の方から大きな声で怒鳴りたてるのが聞こえてきた。何事が起こったのかと思って僕もあわてて降りてみると、往来に向かった窓のそとに、○署のSという高等視察が、間の悪しそうな顔をして立っている。大杉君は例のどもりにも似合わず、さかんに大きな声で面罵しているのだ。僕はその部屋でいつも暮らしていたY〔山鹿泰治〕という青年に、

「どうしたんだ君」と尋ねると、Yは、

「なに、こいつがここの窓からそうっと中を覗いているので、僕が怒っているところへ大杉君が降りてきたのだ」と話したが、そのとき、

「いやだ、俺は貴様たちと違う人間なんだ、貴様みたいな犬と、誰が口をきくもんか、帰れ」

と怒鳴ると同時に、ゝゝゝゝゝゝゝゝゝゝゝゝゝゝゝゝゝゝゝ障子をぴしゃりとしめてしまった。僕は何だか変な気がして、黙ってじっと立っていた。大杉君のように長い間官憲から虐待され、その絶大な権力と闘ってきた人間ならば、ああいう実感を持つようになるかも知れない、とも考えた。その方が本当であり、あるいは正しいのだとも考えた。そうして実感のそこまで行かない僕にこれほど勇敢に怒鳴ることができないのを、恥じるような心持になることもあった。けれどもしかし、そこまでいつも些少の疑問が残っていた。恐らく僕が、意気地のないためといつも思っている。

ほかの人から聞いた話だが、大杉君は若い時から監獄に入っても、看守のことを、いつも「看守、看守」と呼びつけにして暮らしたそうだ。これは恐らく、少年時代から軍隊的教育が、かれをしてこの威厳的態度に出さしめたものと僕は思っている。そうしてこの態度はあらゆる場合に失われず、ことに官庁との掛合事になると、いつも功を奏していた。雑誌を出して、郵便物の第三種認可を受けるときなどでも、ほかの者が行ってもなかなかラチが明かない時分に大杉君自身で出かけていって、課長に会って談判する。ドモリな彼は話が面倒になってくると、いきなり突っ立ちあがって、卓子に両手をかけて、

「それでは君の方はあくまでやってくれんと言うのかっ」と破れるような声を出して怒鳴りつける。すると課長は驚いて、蒼くなって、

「まあそう怒らんでください」となだめなだめ、ついこちらの要求をいれてしまうようになった。大杉君はいつもよく、

「あんな者と、まともに理屈を言ったって分かりゃしない、あくまでこっちの要求を通すようにしさえすればよいのだ」と言っていた。そうして、たいていの場合はそれで通してきた。一方において官憲から虐待され迫害されてきたと共に、その一面では、非常に恐れられ、かつ優

遇されてきた。それが、今度の場合などでも向こうに乗ずる隙を与えるような結果になってしまったのではないかとさえ僕には思われる。

大杉君は因習嫌いな人だった、といったところでそれは不思議でも何でもなくむしろ当然すぎるほどのことに違いない。それだから、あの新しい婦人の運動が起こった時分などでも、その奇矯な行動に対する世間の攻撃をいつでも笑っていた。そして、

「どうせ新しく起ころうっていうんだもの、ちっとは変なことぐらいあるかも知れないが、そのくらいのことはどうでもいいじゃないか、そこからやがて何か生まれてくるんだから」とスタール夫人の例か何かを引いてさかんに弁護していたものだった。

その大杉君が、下谷の観月亭でサンディカリズム研究会を開いたときに、つまらないことの間違いのために、皆と一緒に引っ張られたことがあった。その時に警察の方では何か恐ろしい重大事件でも始まるもののように、恐ろしい厳重な警戒をやっていた。広くもない観月亭の家の周りはいつの間にか警官に包囲されてしまっていた。中にいた人間は、そんなことがあろうとも知らず、講演も終わり、相談も済んで面白そうに雑談にふけっているところへ、警部補と巡査部長が入りこんできて、会合の臨検をするというのである。

「臨検をしたければするがいいさ、俺たちは俺たちの話をする」

と言って、大杉君はさっきからの無駄話をつづけていた。しかもその話は愚にもつかない馬鹿ばかしい話だった。警部補はまだ若い男だけに、こちらの話が下らなければ下らないほど、馬鹿にされたものと思いこんでいたらしく、顔面筋肉をピリピリふるわせて、口惜しそうに座中を睨め回していた。すると大杉君は、

「どうだ、ゝゝゝゝゝゝゝゝゝゝゝゝゝゝゝ、こっちの人は感心だから、家の中へ入ってくると帽子を脱いでちゃんと座っているじゃないか、それなのに貴様は、帽子をかぶってアグラをかいていやがる。バカな奴だ、何だ、こんなことを言われるとやはり口惜しいと見えて、涙をためていやがるな、あははははは」と愉快らしく笑いだした。そんなときの彼の態度はまるで、やんちゃんを言う駄々っ子そっくりという風だった。警部補の顔はますます蒼くなっていき、眼の中は血走って、涙がますますたまっていくばかりだった。

が、結局、会が終わって一同がそとに出ると、待ち構えていた警官は、会衆を片っ端から引っ張って行ってしまった。僕もごたぶんに洩れず二人の巡査に腕をつかまれて、下谷警察の中に引っ張り込まれて、そこで何かごたごたしているところへ、大杉君がまたやって来た。彼は

警察の中に入ると同時に、

「何だ勝手に引っ張って来やがって、けしからん奴だ、署長をすぐに連れて来い」と刑事部屋の中に入ってまで怒号しつづけていた。やがて、当直の警部が出てきて、ふた口三口言い合ううちに、

「貴様なんかには分からんから、署長を連れて来いというのだ」

奮然として怒鳴りつけたので、警部は倉皇として、奥の部屋に引っ込んで行ってしまったが、

「何だ人をこんな部屋に押し込めやがって、黙って行くという奴があるか、無礼者めっ」と、警部の後姿に浴びせかけるように怒鳴りつけた。僕は思わず可笑《おか》しくなって吹き出した。

そして二人きりになったとき、

「何しろ君は礼儀正しいから」と言うと、さすがに彼も可笑しくなったと見えた、

「ウフフ」と笑いながら、「なあに、向こうに礼儀がないというだけさ」と言っていた。

どうかした場合に、

「何しろ大杉君は礼儀正しいからな」と言うと、いつも可笑しそうに笑っていた。

どんな友人か知己に会っても、「やあ」と言って頭を一つ下げる以外には、何一つ挨拶らし

いことを言ったことがない人だったが、いつか例の三角事件当時に、僕の家に来て泊まったことがあった。そして、その翌朝、顔を洗いに、下の座敷へ下りて行ったとき、ちょうどそこに僕のお袋が来合わせていた。昔気質の彼女は、大杉君の顔を見ると、

「おはようございます」と丁寧な糞挨拶をし始めたので彼は恐ろしくドギマギして、あわてて畳の上に手をつくと、尻を持ちあげて、口をもぐもぐさせながら、長い髪の毛をぼさぼさせて、頭を下げては持ち上げてみ、また下げては上げてみて、母親の挨拶が終わると、子どものように顔を赤くして、ほっとしたように立ち上がった。そうして顔を洗ってしまうと、急いでばたばたと二階に上がってしまった。僕はその格好があまり滑稽だったので、二階へ行ってその顔を見ると同時に笑い出してしまったのだ。すると大杉君はまだ口をもぐもぐさせながら、

「いや、ああいう挨拶にはほんとに弱るね」

と柄にもない弱音を吹いて、心から弱ったような顔をしていた。

書物はずいぶん読むけれど、読むと同時に、なるべく忘れるように努めるのが自分の方針だとよく話した。それだけに、人の名前とか歌の文句とかいうものは、かなりさっぱりと忘れていた。料理屋へ行っても、「アワビのフクラ煮」と言うことができないで、いつでも「ほら、

あのこういうふうに切って、ほら、あのこんなふうに煮た奴さ」と女中に注文するといって、いつも保子さんに笑われていた。

革命の歌の文句でも、どうしても覚え切れないで、〽〽〽〽〽〽〽、〽〽〽〽〽〽〽〽〽〽〽――という一節だけを歌うことができるだけだった。いつか『近代思想』以後に出した『平民新聞』の、ようやく発売禁止にならなかった四号だけを示威的に東京市中へ散布して回ったことがあった。大杉君も荒畑君も僕たちも、サンドウィッチをブラサゲて、ノソノソと京橋から神田日本橋、本郷から下谷へ出て、須田町の停留場まで来たときに、新聞はようやくなくなってしまっていた。すると大杉君は荒畑君に、

「おい君、ここで一つやれな」と言ったので、荒畑君は路上演説をやり始めた。巡査が一人ちょっとやって来たが、文句を言ったって仕方がないといった風な顔をして、行ってしまった。演説が終わって、皆が揃って歌をうたう時になっても、彼は前後の文句のときは沈黙していて、森も野山もというところへ来ると、突然と声を張り上げて歌っていた。それからやがて、××××××、須田町から小川町まで、ほとんど彼一人で怒鳴りつづけて愉快らしく歩いていた。

どちらかといえば、その本質は人懐っこい人であった。ただあれだけに何か仕事をしたいと

いう要求が強かったために、仕事のためにそれらの感情が邪魔になって捨てよう捨てようと努めていたようにも思われる。これは大杉君ばかりでなく、僕の周囲の友人の多くに見受ける現象である。が、いつか保子さんと別れ、皆が独立した生活を送ると言い出したその理想を実現させるためか、麹町の第一福四万館に来ていた時に、ある夕方、訪ねて行くと、ちょうど大杉君は不在だったので、僕は家に帰ってしまった。するとすぐそのあとから、――なぜ待っていてくれなかったか、この頃は一人きりで仕事をしているので淋しくって仕方がない――といやに涙っぽい葉書を寄越した。その時分に大杉君は、

「自分は酒を呑まないから、悪友という者がない。お互いに弱点を許し合った悪友でなければしみじみとした話はできない。どうかしてもう少し酒が飲めるようになりたい」と言って、僕が行くと、無理に少しずつでも酒を飲むことを努めていた。その頃は一合以上飲めるようになったようだが、それから以後は、またたんだん飲まなくなって、もとの木阿弥になっていたらしい。

葉山で僕が野枝君を彼の枕頭で殴ったときも、大杉君自身を罵倒している間も、大杉君は黙ってじっと眼をつぶっていた。その後、本郷の菊富士ホテルで逢ったときは、そうした感情は

一掃されてしまったように思われた。が、またそれから後に、色々な些末な感情のイキサツから、ついにしみじみと交際《つきあ》ったことはなくなっていたが、僕自身も、心からの好意は持っていたし、向こうも常に好意を持ってくれていたようだった。――死んでしまったから言うのではない――それで去年の十一月に、久しぶりで労運社〔労働運動社〕に訪ねて行ったとき、大杉君は何か忙しそうにしていたが、

「ちょっと出てくるが、一時間ばかりすると帰ってくるから待っててくれい」と言うので、僕はじっと待っていた。やがて帰ってきたので、村木君と三人で、南天堂の二階へ出かけて行った。久しぶりで議論もしたし、かなり長いこと話もした。そのとき大杉君は珍しくウイスキーをコップに三杯ばかり飲んで、鏡を見て、

「ほう、ずいぶん赤くなってしまった。こんなに飲んだのは初めてだよ」と言っては、また鏡を覗きこんでいた。そして、仕事のことで話をしたら、

「僕はちょっと旅行をしてくるから、そういうことはM君〔村木〕に言っておくから、あの人に言ってくれないか」と言っていた。少時、どっかへ行くのだな、と思って、その晩別れたのが、大杉君との最後の会見になってしまった。

大杉君が日本にいなくなった、というのを聞いたとき、僕はきっとフランスからドイツへ行ったのだな、と思っていた。向こうへ行ってからの様子もうすうすは聞いていた。パリでつかまって、いよいよ日本へ送還されるという新聞記事を見たときに、帰って来たら、フランスの事情や何かも聞けると思って楽しみにしていた。八月いっぱい暑い盛りを房州で過ごして帰京したらすぐと逢ってみたいとも思っていたが、そのうちに大杉君から、一、二度葉書をくれて、フランス土産に、ゴーリキーのアン・ガーニャン・モン・ペインを一冊、サインして送ってくれた。それが、ついに形見となってしまったわけである。

ロシアへ行った高尾君が帰ってきてからも、一度逢いたい逢いたいと思いながら、逢わないうちに死んでしまった。そして今また大杉君とも帰朝後、逢わずに別れてしまった。大杉君の家で荒川君が、「どうして殺してしまわないのか」という疑問を発した時にも僕は、日露戦後に、なんとか隊の依嘱によって、露探を殺した今村某という人が、裁判では八年の刑を宣告されて、その後一年も経たないうちに、肺患が重いという名目で釈放され、しかもその本人は、肺病どころか、健康らしい顔をして兜町に来て相場をしている事例を見たことを、話もすれば考えさせられもしたのである。

その後も何々会とか何々団とかいう反動団体ができた度ごとに、大杉君の身辺のことも気づかっていた。大杉君自身も恐らくそれらについては考えていたことと思われる。『改造』に出ている脱出記などを読んでみても、「もし間違ったら仕方がないとあきらめるよりほかに仕方がなかった」と言って、これらに対する覚悟を示している。そしてフランスからは無事に帰り、震災も事なく過ごして、憲兵の手にかかって思いがけない時に、思いがけなく仕方がなくなってしまった。が、しかし、大杉君の死によって巻き起こされた波瀾や、世人に与えた印象は、敵味方ともに、深刻に銘じている。罪九族に及ぶということは封建時代の遺物と考えていた我々は、妻を持つと、おのずからいつとはなしに穏健に似た状態に退嬰した。父となってからの大杉君にも、そうした影響がないとはいえなかった。そして意気地のない僕のような人間は、ひたすらに独身者の勇気をのみ感嘆しながら眺めていた次第であったが、事実は決してそうでなく、××××、×××××××今日となってはさらに深く考えて、さらに強い覚悟を持たなければならなくなったのだ。

犠牲となって斃《たお》れた、大杉君には、いろんな点で感謝しなければならないことが多いが、今は頭が混乱していて断片的な追憶しか書けないのだ。

回顧

有島生馬

　いつか大杉君と話し合ったことだったが、われわれは語学校時代、同窓だったのではないかと思われるふしがある。互いに顔は覚えていなかったが、目の円い、色の大変黒い、吃って無口な特色のある或る一青年がどうも大杉その人ではなかったかと思い出してみるのである。もっとも大杉君とは科を異にしていたのだから自然交遊する機会はなかったわけである。

　初めて君と識《し》ったのは大正五年ごろ明治大学で馬場〔孤蝶〕、大杉氏らと一緒に講演をやった時からである。そのとき大杉君の講演を聞いたが大変に面白く感じた。別に組織だった話でなく、座談的な感想だったが、よくその間に君の風格がうかがわれた。もちろん私は君の書いたものなどは一つも読んでいなかったから、君の存在を認めたのもその時からである。

その演説の冒頭に、今日は何も話題を考えずにやって来たが、ここに来て馬場君の顔を見たら急に思い出したことがある。それは馬場君の兄さんの辰猪さんが病気の時か何かに人づてに「お前も男と生まれた甲斐にはせめて牢屋に入れるくらいの人物にはなってくれ」と言われたそうだ。馬場君は不肖の弟でいまだに牢にも入れずにいる。その点では自分は遥かに馬場君の先輩であると言って、例の得意な獄屋の話から始めた。吃りながら話すその緩々とした話ぶりには、人を引きつける愛嬌と同時に、人を威圧し命令する体の自信の強い凄いところがあった。君の特質のうちにはどうもこの命令するとか、独裁するとかいう性格の力が多量に含まれていたように思われる。その性格はおのずから君の容貌風采にも出ていた。堂々として男らしく、少しも感傷的なところがなく、なかなか立派だった。どうしたって商人や役人には見えなかった。政治家とすればすでに一方の首領ぐらいの重みがあったが、しかしそれよりも革命家と見立てればやはり一番適当だった。生来か修養か知らないが、ともかく君はどこから見たって革命家になりきっていて十分その資格を風采の上にも備えていた。

目は大きくよく動いて恐ろしい所と美しい所があった。まずベトウヴェン型の目で、ナポレオン型のように静かにじっと見つめる透明さはなかった。どちらかといえば幾分の野蛮性を表示していた。人を引きつけたり、愛嬌のあったりしたのは君の口だった。その笑うときや、吃るときには非常に親しみやすいものがあって真に無邪気なところが表れた。

話はたいてい自己中心で、みずから自分を偶像視しているような風があった。もしくはそう見せているようなところがあった。自己宣伝はやがて主義宣伝なりとでも信じているかのように見えた。主義なり主張なりを直接語ることは少なくも私には努めて避けていたように見えた。話題はたいてい牢屋のことか、刑事を操縦することか、文学か、語学か、科学のことに限られていた。時事問題にはあまり興味がないようだった。

講演会の後でわれわれが構内の一室で夕飯の御馳走になっているとドアのかげや、窓硝子の外からちょいちょい刑事の顔がのぞいてしきりに食卓の様子をうかがう。そのちょこちょこしてまるで狐か鼠のような仕草が無下に卑しい感を自分に与えた。刑事というものは大杉君を一生苦しめたに相違なかったが、しかしそれと同時に大杉君の生涯を飾った装飾品の一種であったともいえる。時にはそれによって君が豪《えら》くも見られ、人の興味や同情をひいたような趣きもある。

その後の私と大杉君の疎《うと》い交際を保つ楔になっていたものは画家の林倭衛《しずえ》君である。いま君は巴里《パリ》に行っているが、君の処女作が初めて二科会に送られたそもそもの時から私は君の才能の非凡なのをすぐ認めた。その後君の芸術は私の期待を裏切らず発達していった。君が樗牛賞金を受け取りに私の所へやって来た時から親しく話をするようになった。

君はもと筋肉労働をやったこともあり、生来の芸術的自由と人道的正義観のため赤色を帯びた人として大杉君にも近づいていた。大杉君の方からいえば大いに子分の一人のつもりでもいた。しかし君はだんだん社会運動の方面から離れて芸術に没頭するようになってきた。ことに欧州大戦後、社会主義の慷慨が流行するようになり、猫も杓子も労働問題を云々し、それを売り物にするようになってからは十年の苦節にもかかわらず、それに反感を抱くようにさえ見えた。実際われわれの目から見ても十年前の社会主義者中には志士的な立派な人物がいたが、今日の多くはみな歯の浮くような軽薄な人物になって、大いに品下がった気がする。

私がまだ林君に逢わない前、君の作風を批評した一文があった。それを大杉君が読んで後で私に言った。あの一文は林の画評だから僕にはその方面のことはよく分からないが、あれをあのまま林の人物評として見ると実によく穿っているので非常に面白く思ったと。

大杉君は世間でも認めているように文学者として優れた才能を持っていた人だ。文学上の批評眼も決して平凡ではなかった。私も君の書いたものは何によらず愛読したものの一人だ。それは文章がうまいからで、君の学識とか主張とかいうものについては門外漢の私にはあまり興味がなかった。しかし、君の文章はいつでも芸術的でないことはなかったようだ。同種類の論客で福田〔徳三〕、河上〔肇〕両博士も隠れない名文家だが、前者は匂いを蔵しすぎ、後者は匂いを放ちすぎる。大杉君の文章に芸術的香気の過不足はなかった。思想とか主張とか知識とかいうものは実際古びやすいものだ。音楽上の言葉を借りれば、メロディみたいなものだ。すぐ解る代わりにすぐ倦まれる。ところが文章そのものはハァモニみたようなものだ。容易には古びないで、くり返されるたびに味を増してくるのだ。大杉君の文章は後世にもくり返し読まれていい素質を十分備えている。

大杉君の文学上の理解を疑わない人でも、絵画に一双眼を具《そな》えていたことはあまり知られていまい。がんらい君は感能的にもなかなかよく発達した人だった。君の語学に堪能だったのは君の聴覚の正確さを示しているが、どちらかといえば君は視覚人だった。その文章でも分かるが、耳よりも目の方が余計に働いた。音よりも色の方に引きつけられた。音楽よりも絵画の方に興味があった。君は独得の見方で名画の真髄に触れる呼吸を知っていた。少なくも感傷癖で芸術上の皮層に低回したり、絵画の中に文学的意味を探したりするほどの幼稚さは持たなかった。その点では世間の堂々たる半専門的批評家連より遥かに気持よく話ができた。

そのうち大杉肖像画事件というものが起こった。それはたしか第四回の二科会のときだった。林が出獄したばかりの大杉の顔を十号ぐらいにかいて展覧会に出品した。今それがどこにあるか知らないがあれは好個の記念品だから大切にしたいものだ。今度の火災に遭わなければよいがと思うのである。

このO氏の肖像なるものが検査官の忌憚にふれて撤回を命じられたのがそもそもの起こりである。実に乱暴きわまる話で、当局が果たしていかなる条文いかなる権利口実でこの撤回を命じたか、さらに訳が分からないのである。

翌朝私が会場へ行ってみると、ともかく事務員の取り扱いでその肖像画は下ろしてあったが、私らは再びそれを掲げさせた。そのうち作者の林が来て恐ろしく憤慨した。もっとも至極な話である。また大杉も来て面白半分に警視庁に反対抗議することを主張した。そんなこんなで新聞記者の耳に入ると尾ひれをつけて記事にしようとした。大杉が一味の人びとを集めてきて示威運動をはじめるというような噂が麗々しく紙上に表れたりした。慌てたのは下谷警察と警視庁とで、自分たちの命令がまるで理屈に合っていないことを悟り、いかに泣く子と地頭の資格でもこれを強制することの無理なのに気が付いて二科会に泣きをいれ、仲裁を頼んできた。命令ではないが問題になるのが困るからなんとか作者から穏便に出品を見合わせてもらうように取り計らってくれという依頼だった。もう少しいじめればいじめられた事件だったが、そんなことをすると、きっと江戸の仇を長崎で討たれる恐れがあったのと、石井〔柏亭〕のごとき穏健派や、大杉に反感を抱いている人びとがあったので、林、大杉に承諾してもらって氏の肖像は撤回することになった。しかし今考えてみるとやはりあれは撤回すべからざるものだったに相違ない。

大杉君の一枚の肖像が公開を禁じられたという滑稽きわまる事実は警視庁の横暴を証明し、大杉君迫害のありさまを後世に伝える面白い逸話と言わねばならない。

大杉君が鎌倉逗子に住まうようなってから、自分も鎌倉に住居していた関係上よく汽車の中で会ったり、ときには往来したりした。君が急に姿をくらまして上海に逃げて行ったときなど刑事がうるさく探しにきて困ったことがある。

一度大杉君は鎌倉の大谷氏の妾の借家から追い立てを喰らって家を探していた。私は古い西洋館を買って大修繕をやっているさなかのことだった。普請場にちょうど君がやって来て、「僕は家のことなど一向心配はしないよ、××××××××××××××××××××××××××××××××××××」と負け惜しみを言った。

「そうか。しかしこの家は僕の気に入っているのだから君には奪《と》らせないよ」と言って大笑いした。大杉君にはそんな子どもらしいことを言って気の弱い人間をおどかしてみようとする稚気があった。

巴里に行ってから三、四回通信をもらった。その中に私の家の娘のためにファブルの幼年読本を今度こそは探して送るからということも書いてあった。忙しい外国の旅で小さい娘のために約束してあった本のことを思い出したりするところは大杉君のいかにも美しい点だった。昆虫記の翻訳が出たとき野枝さんから送られて少しし文章がむずかしいだろうから注釈を加えながら朗読して聞かせてくれろという手紙をもらった。それが最後にもらった手紙になった。

最後に会ったのは外国から帰って、パウリスタで歓迎会のあった時だ。もちろんそんな席だったからゆっくり話す機会もなかった。近日中鎌倉の方へどうせ行くからその時といって別れたきりになってしまった。

大杉君は兄〔有島武郎〕の死を上海を出てまもない船の中で無線電話で知ったといって、軽井沢に向けて弔電を打ってくれた。パウリスタで会ったとき、「兄さんのことを話したり、聞いたりするのは一番嫌だろう」と言ってくれた。まったくそれに相違なかった。この弔詞は簡単ではあったが、君の頭のいいことを思わせた。(それだのに食卓で私が亡兄のことについて酒と女がどうのこうのと言ったと、時事新報記者が事実無根なことをさもまことらしく翌朝の紙上に写真と共に掲げていた。あの記者は馬鹿か悪者だ。今日までいまだに一言の謝罪さえ申し込んでこないところを見ると礼儀をもわきまえない厚顔無恥の人間である)。

回想はこんなことにして、今度の殺害事件について一言しよう。甘粕大尉の無智無謀と当局の弁明書とは実に国家の一大汚辱なりとは、ほぼ識者の論じ尽くしたところであるから今さらそれを言う必要はあるまい。ある個人が将来にこんな悪事をするであろうからという予想のもとに憲兵大尉がこれを司令部内で死刑に処するということになれば東京市民全体に対する一大恐怖と言わねばならない。××××××××××××××××××××××××。

しかしこの違法犯罪よりも、無智よりも、さらに私の憎しみに堪えないものは彼らの残忍性である。人間らしい憐愍《れんびん》の情の露ほどもない獣性の表れである。何らの用意もない大杉を、不意に絞殺し、その同じ腕で再び野枝を殺し、頑是ない宗一を殺させたことを聞くと、われわれとは異なった一種の劣等人種があるのでないかという感がする。自衛団その他の出来事でもみな同じくこの想像できない獣性がわれわれ同胞の間にも隠されているということに気付いて嫌な心持になる。

強盗などよりももっと悪い。なぜなら強盗などにはどこか冷やかでない幾分自衛上やむをなくとか意識の曇ったようなところがある。しかるにこの殺人者らの行為はあたかも当然のことを名誉をもって行うという風な非人情的な、天真の欠乏した、まったく誤った心状にあるからである。いかなる場合でも憐愍の情なく人を殺すごときは最も恐るべきかつ許すべからざる行為である。強盗の殺人よりも憎むべき野蛮人の行為心状だからである。

太古から情操の少しく訓練されたものは人間のみならず、動物の生命に対してすら敏感であった。釈迦や聖フランチェスコは鳥や虫や草木の生命に対してすら戦《おのの》くような心を持っていた。彼らに決して甘粕の真似《まね》はできないのである。戦争の罪悪のうち最も大きなものは人類からこの慈悲心を失わせるからである。また戦争の起こる種々雑多な原因が学者によって挙げられているが、真因は人間にこの残虐心血を見て喜ぶ本能がいまだに滅びずにいるからである。(戦争の真因を争闘本能にありという私の主張は大正四年大戦勃発当時、神田青年会館で明白に述べたところである。大戦後ラッセルらの主張するところと暗合するものがあって私は満足に思ったのである)。人類いかなる場合でもこの本能を滅ぼすことを努めねばならないのである。私がその例として引用したミケランジェロ、ミレエ、セザンヌらの高貴の人びとが×××××だったという事実は大きな暗示をわれわれ人類の将来に光明として与えている。甘粕事件はおうおう高等教育なるものの間にもこんな野蛮人が隠れていることを示したものである。私としてみれば戒厳令であろうが革命であろうが、戦争であろうが、人が人の血を流して善とすることは絶対にない。人を殺さねばならぬ場合に個性の尊厳を維持するため、××××××からとてそれは当然立派な行為である。

大杉君夫妻は実にこの野蛮人的行為の犠牲になったのである。そうしてそうざらにはないところの才能と人格とが永遠に消えてしまったのである。現日本にとって一損失というべきであろう。私としては善良な二人の友人を失った者として哀惜の情に堪えない。

なお氏の思想影響の功罪について言及すべきであるが、時がないので筆をおく。

一等俳優——久米正雄

初め大杉君の死を聞いたときは、そのいかにも生々しい残虐さに憤慨ばかりしか感じなかった。が、日を経るにしたがって、彼の死は、何だかますます美しいものになってきて、今では、いかにも大杉君は、大杉君らしい死所を得たとしか思えなくなってきた。これは少しも、皮肉やパラドックスではない、僕のほんとうの感じである。

そう思ってくると、野枝さんと宗一という子が、道連れになったことも、僕にとっては大変残酷だというよりは、殉死者というような美しい感じを与えられてならない。そしてあの殺された子が、マコちゃんでなくして、宗一という子だったことも、宗一という子には気の毒だが、ほんとの親子三人というよりも生々しくない感傷に誘い入れて、ちょうどいいと言ってもいい。

今、僕の心の奥にだけある、アナルシスのお宮には、あの、浅黒い額に巨《おお》きな眼を剥《む》いた、しかし訥《ども》るときと笑うときとは、瞑《つぶ》るように善良さを示す、ずっと以前のようにあご髯はやっぱりある、筒っぽ褞袍《どてら》の像の左右に、髪を無雑作に束ねた婦人と、可愛ざかりの子どもとが、使徒とか供奉神といった形で、安置せられてある。

そして、わが親愛なる和田久君を、誰よりもその堂守にしてやろう。

私は恐らく日夕、このお宮の扉を開いて、拝んだり、賽銭を上げたりすることは、なかなかしないであろう。が、そのお宮の在処《ありか》だけは、われらが桂の杜蔭のどこかにあるのを知っている。

＊

頃日《けいじつ》、芥川龍之介が来て言った。君、大杉は相手を、はっきり言えば軍人を、誰よりも尊敬していたために殺されたのだね、と。――まさか、自分を殺すようなことは、いかに何でもなしうるところでない、と、甘く見くびっていたというよりは、相手を尊敬して殺す気づかいはないと思っていたので、ムザムザあういう目にあったというのである。――決して一理ないわけではない。

相手を尊敬するというのは、言うまでもなく美徳である。と、同時に、相手に回すならば、相手の底の底までを知って、警戒するのは道徳以上に必要である。大杉君はその必要事を忘れたのだ。これは無政府主義者の場合のみを言っているのではない。が、一面大杉はほんとに飛んで火に入る夏の虫、という古い文句を思い出させないでもない。

私は、彼の書いたものによって、いかに冷酷に、今の露西亜《ロシア》のソヴィエット政府が、無政府主義者たちを、いわゆる「壁に押しつけた」かを聞かされた。そしていかにかのマフノ無政府主義将軍が、今その名を忘れたが、立会演説（?）の相手の領袖を演壇から射殺したか、そういう残酷な場面をたびたび聞かされた。そして今は、彼自身にそういう魔手の迫っているのを知らないとは。

殺された責の一半は、どうも大杉君の方にもある。

＊

私は、ここに大杉君との、ただ私交的な追憶を、鵠沼《くげぬま》東屋におけるただ何でもない、主義も芸術もない交わりの、慕わしい追憶を書こうと思って筆をとった。が、それを書き出す前に、何だかついこんなことを書き出してしまった。そして何だかもうチグハグで、その追憶は書かず、またの日に取っておこうと思う。

思想の上では、私は昔、松岡〔譲〕と一緒にいた時分、彼の『近代思想』の愛読者だったにすぎない。そしてその昔の第一項『近代思想』を、ほとんど逐号まとめた合本を、押入の奥に蔵していた。そしてまたさらに彼らが、二、三年前に出したときの合本は、朝鮮人某から五円で売りつけられて持っていた。その話をいつか江口〔渙〕が彼にした。と大杉君はいたく珍しがって、彼のもとには一冊もないからと言って、強いて所望して持ち去った。あの『近代思想』はどうしただろう。この「ブルジョア文士」の手から、幸いにも元の古巣へ戻った、あの『近代思想』はどうなったであろう。

＊

もう一つ。結論ではないが、大杉君の存在は、善悪とも、彼の一等俳優なところにある。一芝居打つところにある。大見得を切ること、そこが悪いところでもあり、いいところでもあった。大見得を切って幼年校を飛び出し、大見得を切って神近氏に刺され、大見得を切って仏蘭西《フランス》に行き、最後に大見得を切って、井戸の中へ放り込まれた形である。

人びとは彼の芝居の、最後の幕の下りたのを、劇場が火事だったために知らずにいた。が、彼はやっぱりその間にも、一等俳優たるの貫目をもって、ぐっと首っ玉を抑えられる、その見得よろしく演技を終了していたのだ。

その代わりどうだ、それと知った後の賛否の喝采は。僕はただ立見場から、手をこまねいてそれを見ていたきりだ。が、芝居としても近来面白いものの一つに違いなかろうと、帰るみちみち考えたことだ。

終始、大杉君は一等俳優に違いなかった。

解説

大杉豊

大杉栄が軍隊に虐殺されたのは、一九二三（大正十二）年九月十六日である。関東大震災の混乱収まらず、戒厳令が布かれた機に乗じての凶行であった。

大杉はこの日、被災した弟を鶴見に見舞い、妻の伊藤野枝と六歳の甥・橘宗一を連れて帰宅する途上を、甘粕大尉率いる東京憲兵隊本部特高課の五人の兵に連行された。そして、大手町の本部内で三人とも殺されたのである。死体は着衣なく、畳表に麻縄で緊縛され、古井戸に投げ込まれていた。

殺害は絞殺とだけ報道されたが、半世紀を経た一九七六（昭和五十一）年に「死因鑑定書」が発見され、死ぬ前に蹴る、踏みつけるなどの暴行を受けた事実が明らかになった。軍隊による狙い撃ちの白色テロであった。

本書は、大杉の非業の死の直後、友人、同志たちが執筆した追悼文集である。雑誌『改造』の十一月号に掲載されたものを新たに編集して一書とした。暴虐への怒りを抑えつつ、生前の大杉を多面から語った鎮魂の編、哀惜の思いを胸中に、それぞれの関わりの中で、表裏、長短を評した証言集でもある。エピソードや事に応じての言い草は、人間大杉の心情や性向を伝えて、生き様を彷彿とさせる。次は一例だ。

彼は十七歳で上京してからの二十一年間に、三四回も転居をしている。監獄の「別荘」にいた四年間を除けば、娑婆の暮らしは十七年余だから、平均すると半年に一回という落ち着きのなさである。住み替えの事情はあったろうが、先妻の堀保子が明かすのは――

〈彼は常に変化を好んだ。気に入った家でも目につくと、きまって「来月から煙草をやめるからあの家に引越そうじゃないか」といってきかない〉

というのである。雲水の如き一所不住の変転志向。和田久太郎が「機に臨み変に処して、後から後からいろんな計画を起ててゆく」というのも、不断に局面を切り開こうとする変革の意志の表れとみえる。

そうした性情、資質についての評は、人によりまちまちで、強情、快活、傲慢、率直、勇気、親密、親切、温和、貴族的、豪放、精力家、大胆、冒険心、愛嬌など多種多様だ。お互いの関係にもよるし、温和―豪放のように、二面性もある。たとえば和田らが「わがまま」という一方、村木が紹介する野沢重吉のおかみさんや、馬場孤蝶が示す江連沙村への対処の逸話からは、温情家の姿が浮んでくる。孤蝶は「虐げられたるものに対する慈悲心が燃えているようなのを吾々は貴しとしていた」と、弱者への態度に目を向けている。重ね合わせてゆけば、厚みをもって人物像が浮んでこよう。

運動の面での追憶は多くないが、山川均は「多数決が大嫌いであった」と述べ、和田は「日夜、書き、叫び、画策し、飛び回って倦まなかったあの精力」や「集会や研究会の空気を自由な、無遠慮な、愉快な空気の漲るように努めた」手並みを功績とする。賀川豊彦は「演説も会話的でなくてはならぬ」と実行したのに感心し、「レニンに楯つく勇気を持ち、常に少数でありながら、彼の理想に突進する勇気を持っていた」ことは自分と「近似値のあるところ」と共感している。これらの評からは、大杉の個性が運動の推進力として、うまくはたらき、運動の活動家に作用していった過程を窺える。

＊

執筆者は、大杉の広い交友関係から一六名を選んで多彩だ。山川は平民社時代からの同志だが、運動面で途中から分かれた。村木は明治期「赤旗事件」以来のごく近しい同志。安成二郎、宮島資夫、土岐善麿は、大杉と荒畑寒村が創刊した『近代思想』の編集、執筆仲間。内田魯庵、馬場孤蝶は『近代思想』小集のゲストで私的にも世話になり、敬愛した文壇の先輩。山崎今朝弥は裁判や「平民大学」などで大杉を支援、共同した弁護士。和田、岩佐作太郎、近藤憲二は、後半期をともに闘った親しい同志。賀川は大杉らの自由連合派と対立する友愛会系の労働運動を推進した。松下芳男は同郷の友人、画家の有島生馬、作家の久米正雄は運動とは別に知りあった友人である。ひとつ難をいえば、大杉が最も重視した労働運動の活動家がいないことだろう。

ほとんどが大杉をよく知る人たちだが、悔みの文章には、評価の仕方や真情の表出にそれぞれの人となり、人間観が表れていて興味深い。

ほめ方がうまいのは山川と馬場か。山川は「大杉君ほど遠目に見ている者からは怖がられ、近づいた人からは親しまれた人はない」と述べ、馬場は「一見しては朴訥な倨傲な風に見えたのだが、……秩序整然と話す言葉には、人間としての温情味がどこからともなくしみ出てくる」と述懐する。

美点も難点も知り抜いていたのは、生活を共にした身内の保子と和田だ。遠慮ない関わりの中で、やんわりとした批判とともに、公私にわたる振舞いがよく分かる。村木も共同生活をしたから、沢山の逸話があるだろうが、一つだけ選んだ話が暮らしぶりを背景にして印象的だ。

馬場はまた「国法を無視して残虐を行った今回の如き例」に触れ、真当に抗議している。同志たちは、編集者の意図を顧慮して事件には触れていないが、甘粕個人への憤懣ながら、堂々と書いたのは有島だ。「私の憎しみに堪えないのは、彼らの残虐性である」として、「野蛮人的行為の犠牲になった」と悼んでいる。

対して、芝居見物をしたように淡々と書いたのは久米と土岐。久米によると「魔手の迫っているのを知らない」大杉に「殺された責めの一半」があり、「一等俳優」として「最後に大見得を切って、井戸の中へ放り込まれた形」なのだと突き放す。土岐の文末は、「大杉はあのドサクサ紛れの中に黙々として死んだが、……もって瞑するか瞑しないか」と素っ気ない。親疎の別はあるにしても、死の意味を素通りして、人間的な血の通った追悼とは言いがたい。

＊

大杉は国際アナキスト大会に出席すべく、前年十二月に密航の旅に出て渡仏し、七月に帰国したばかり。『改造』には、出発時まで「自叙伝」を連載し、帰国後は、「日本脱出記」を掲載中だった。改造社は大震災に遭って社屋・書籍を焼失したが、編集局を山本実彦社長宅に移して、苦境のなか、休刊せずに発行。九月号には「脱出記」も載った。しかし、既述のように、十一月号（第五巻第一一号）には「大杉栄追想」を特集することになったのである。特集は七七頁を割く異例の扱いで、ほかに「甘粕事件批判」の評論二篇一二頁も併載された。『改造』として、厚い追悼であるとともに、軍隊への精いっぱいの抗議であった。

この特集部分をまとめた復刻版が『大杉栄追想／大杉・野枝・宗一死因鑑定書』として、一九八四年に黒色戦線社から出版されている。本書はその再刊に替えての新訂版である。

大杉栄日録

1923年6月〜1925年6月

大杉豊編著『日録・大杉栄伝』（社会評論社）から関連する日付と事項を抜粋した。

1923年

6月3日	日本郵船・箱根丸にてマルセイユを出港、帰国の途につく。
7月11日	神戸に入港。林田署にて取調べ後、須磨の旅館で家族や安谷寛一と会う。
7月19日ころ	岩佐作太郎が来訪。
7月28日	銀座・パウリスタの帰国歓迎会に野枝と出席する。
7月29日	野枝が安成二郎の案内で貸家を探し、柏木の家に決める。
7月30日	ヴァガボンド社の夏期社会思想講習会で講演。
この月	山崎今朝弥を訪問し、帰国報告。労運社を離れていた和田久太郎と面談。中〜下旬、労働組合の集会に連夜のように参加。
8月初め	近藤憲二を情勢視察に九州へ派遣する。
8月5日	府下淀橋町柏木３７１へ引っ越す。
8月6日	近隣の内田魯庵宅を一家で訪問し、話し込む。
8月8日	安成二郎が来訪。
8月9日	長男・ネストルが生まれる。
8月19日	機械労働組合連合の大会に出席する。
8月20日	根津神社の貸席で自由連合同盟結成の準備会を催す。
8月23日ころ	野枝が安成二郎の妻を慶応病院に見舞う。
8月26日	自由連合派組合活動家の秘密会合に出席する。
9月1日	関東大震災に遭うが、被害は少なく、近所に避難する。
9月4日ころ	服部浜次夫妻と袋一平の一家が避難して来る。
9月7日ころ	馬場孤蝶宅を見舞う。

9月8日　労働運動社の同志らが一斉に検挙される。
9月12日　金策のため出版社を回る。
9月13日　夜、安成二郎が来訪。
9月15日　横浜の弟・勇から無事との来信。寒村宅を見舞う。松下芳男が来訪。夕刻、村木源次郎が来訪。野枝は足助素一を訪ね、借金をする。
9月16日　野枝と鶴見の弟・勇の避難先を訪問。甥・橘宗一を連れて帰宅途中、自宅近くから東京憲兵隊本部へ連行され、3人とも虐殺される。
9月18日　弟・勇夫妻が衣類などを貰いに栄の家を訪問。留守宅では、3人が帰らないのは鶴見へ泊まったと推察したので、不審に思い、淀橋署へ捜索願を出す。この日、報知新聞夕刊に「大杉夫妻並に其の長女の三名を検束、自動車にて本部に連れ来り、麹町分隊に留置せり」の記事が載る。
9月19日　勇は、大杉ら検束の記事を読み、毛布を持って、大手町の憲兵隊司令部へ行き、面会と宗一の引取りを求めるが、「そんな者は来ていない」と門前払い。閣議で後藤内相が警察情報により事件を報告し、論議沸騰。山本首相が田中陸相に調査を指示。発覚して陸軍は軍法会議と小泉憲兵司令官らの処分を決める。
9月20日　勇の家へ東京朝日新聞の記者から、「栄は憲兵隊の手で殺され、残りの2人も九分九厘まで一緒に殺されたでしょう」との知らせ。勇は再度、憲兵隊司令部へ行って問い質すが、追い返される。大阪朝日新聞、時事新報が号外で「甘粕憲兵大尉が大杉栄を殺害」の報道。以後、報道は禁じられる。
9月21日　勇は淀橋署を経て警視庁へ行き、存否確認の要求をするが、明確な説明を聞けず。
9月22日　村木源次郎は布施辰治弁護士と警視庁へ行き、大杉ら3人の調査依頼書を提出。

9月23日　勇宛に、第1師団軍法会議から、事件の証人として召喚する旨の通知。殺害を確信する。

9月24日　勇、進と村木は憲兵司令部に遺体引き渡しの交渉。午後3時、陸軍省より「甘粕憲兵大尉が大杉栄外二名を致死、動機は……自ら国家の蠹毒を艾除せんとしたるに在るもののごとし」と発表される。

9月25日　遺体引取のため、2人の弟・勇、進、野枝の叔父・代準介、友人の山崎今朝弥、安成二郎、服部浜次、村木の7人が憲兵隊本部、次いで陸軍衛戍病院へ赴く。遺体は腐爛が進んでいるため、火葬して遺骨で受け取ることにする。

9月27日　茶毘に付され、反軍を唱道した大杉が陸軍の費用で火葬される。朝8時から落合火葬場で骨揚げ。3人の遺児と勇らの近親、それに岩佐、服部ら同志、安成、松下らの友人が骨を拾い、3つの骨壷に納める。夜、告別の集い。

10月2日　4人の遺児らは分骨した遺骨を携えて、野枝の郷里・福岡へ向かう。

10月4日　ギロチン社の田中勇之進が甘粕の弟・五郎を短刀で襲撃し、未遂。松阪駅前で逮捕される。

10月8日　事件の第1回公判が青山一丁目・第1師団軍法会議公判廷で開かれる。大杉ら虐殺事件の記事が解禁になり、「外二名」とは伊藤野枝と甥の橘宗一であることが発表される。

10月25日　著書『日本脱出記』がアルスより出版される。

11月24日　著書『自叙伝』が改造社より出版される。

12月8日　軍法会議で実行犯5名に対する判決。甘粕の個人的犯行とされ、甘粕・懲役10年、森・同3年、平井・鴨志田・本多は無罪。

12月16日　大杉らの葬儀当日朝、労働運動社に弔問を装って上がった右翼・大化会の下鳥繁造ら3人の男が遺骨を奪

い、ピストルを乱射して逃走。遺骨のないまま葬儀は予定通り挙行。

12月27日　遺骨は25日に犯人・岩田が警視庁に提出したが、27日、虎ノ門事件が発生し、受け取れず。

1924年

3月15日　堀保子が、兄・堀紫山宅で腎臓病療養中に逝去。

5月17日　大杉勇が兄・栄ら３人の遺骨を警視庁から受取る。

5月25日　静岡市沓谷の共同墓地に、大杉、野枝、宗一および大杉の弟・伸の遺骨を埋葬。

9月1日　和田（久）と村木が予て計画した福田雅太郎（大杉殺害時の戒厳司令官）の狙撃を実行。失敗する。

1925年

1月23日　市ヶ谷刑務所に拘留された村木が病のため危篤に陥る。責付出獄となり労働運動社に移すが、昏睡状態のまま翌日午後、息をひきとる。

6月15日　『大杉栄全集』が同全集刊行会より発行。編集は近藤憲二、安成二郎。

（大杉豊 編）

大杉栄略年譜

1885(明治18)年・0歳	1月17日、父・大杉東（丸亀連隊少尉）、母・豊の長男として香川県丸亀町に生まれる。まもなく父の転任により、東京に移住。本籍は愛知県。
1889(明治22)年・4歳	父の異動で新潟県新発田本村（現、新発田市）に移転。ここで北蒲原中学校（現、新発田高校）2年修了。
1899(明治32)年・14歳	名古屋陸軍幼年学校へ入学。3年のとき、同級生と格闘して重傷、退校処分を受ける。
1902(明治35)年・17歳	上京し、東京学院に通学。母急逝。順天中学校5年に編入学。足尾鉱毒問題で学生の示威運動を見て、社会問題に関心を持つ。
1903(明治36)年・18歳	東京外国語学校（現、東京外国語大学）に入学。
1904(明治37)年・19歳	平民社の社会主義研究会に毎週通う。夏休みに名古屋での宣伝活動を『平民新聞』に報告、同紙発行を手伝う。
1905(明治38)年・20歳	外国語学校選科仏語学科を卒業。「年上の女」と同棲。
1906(明治39)年・21歳	日本社会党に加盟。電車賃値上げ反対のデモに参加し、入獄。保釈後、堀保子と結婚。エスペラント語学校を設立、講師となる。『家庭雑誌』を発行。「新兵諸君に与ふ」を『光』に訳載し、新聞紙条例違反とされる。
1907(明治40)年・22歳	「青年に訴ふ」の筆禍で、巣鴨監獄に入獄（「新兵諸君…」と合わせ5カ月半）。
1908(明治41)年・23歳	屋上演説事件で巣鴨に入獄（1カ月半）。出

	獄後まもなく赤旗を振ってのデモ（赤旗事件）で千葉監獄に入獄（2年半）。
1909(明治42)年・24歳	父死去。翌年11月、出獄。売文社に参加。
1911(明治44)年・26歳	大逆事件刑死者の遺体引き取り。毎月の同志茶話会に出席。
1912(大正元)年・27歳	10月、荒畑寒村と月刊誌『近代思想』を創刊、個の確立・解放を訴え、同志の連絡を図る。
1913(大正2)年・28歳	『近代思想』小集で文士らと交流。同志集会・サンジカリズム研究会を開始。
1914(大正3)年・29歳	『近代思想』を止め、月刊『平民新聞』を発刊するが、第4号を除きすべて発禁となる。
1915(大正4)年・30歳	研究会を「平民講演会」に発展。『近代思想』を復刊するが初号を除き発禁となる。フランス語講習会を開講。著作家協会発起人となる。
1916(大正5)年・31歳	『近代思想』を廃刊。伊藤野枝と同棲。11月、葉山・日蔭茶屋で神近市子に刺され、この事件で社会的非難をあびる。堀保子と離婚。
1917(大正6)年・32歳	同志からも孤立し、野枝と貧乏のどん底生活。長女・魔子誕生（のちに4女1男の父）。
1918(大正7)年・33歳	『文明批評』を創刊して再起し、労働運動研究会を始める。和田久太郎・久板卯之助と『労働新聞』を発行するが、発禁続き。大阪で米騒動を視察、部分的に加担する。
1919(大正8)年・34歳	同志集会を「北風会」と合同、労働運動の活動家に影響を与える。他の演説会を乗っ取る「演説会もらい」闘争を盛んに行う。第一次『労働運動』を発刊。印刷工組合など労働運動の支援、学生集会で懇談。尾行巡査殴打事件により、豊多摩監獄に入獄（3カ月）。
1920(大正9)年・35歳	関西の活動家集会を歴訪。日本社会主義同盟の創立計画に参画、演説会等に活動。上海へ

	密航、コミンテルンの極東社会主義者会議に出席。
1921(大正10)年・36歳	第二次(週刊)『労働運動』にボル(共産主義)派を加え、共同戦線を張る。肺患の重病で聖路加病院に入院。ボルとの共同を止め、第三次『労働運動』を発刊。新聞印刷工などの争議を支援、自由連合派の労働運動が興隆。
1922(大正11)年・37歳	八幡で演説会、大阪で活動家集会。日本労働組合総連合の創立大会に向けての活動、アナ・ボル論争の先頭に立つ。国際アナキスト大会出席のため日本を脱出、上海で中国同志と会合。
1923(大正12)年・38歳	フランスに入国。パリ郊外サン・ドニのメーデー集会で演説、逮捕され、ラ・サンテ監獄に収監。国外追放となり7月帰国。同志組織化の準備会。9月16日、野枝、甥の橘宗一とともに東京憲兵隊に拘引、虐殺される。

(大杉豊 編)

主要著書

【評論】　『生の闘争』、『社会的個人主義』、『労働運動の哲学』、『クロポトキン研究』、『正義を求める心』、『二人の革命家』(伊藤野枝共著)、『無政府主義者の見たロシア革命』、『自由の先駆』。

【随筆・記録・創作】　『獄中記』、『乞食の名誉』、『悪戯』、『漫文漫画』(望月桂共著)、『日本脱出記』、『自叙伝』。

【翻訳】　ダーウィン『種の起原』、ル・ボン『物質不滅論』、ルソー『懺悔録』(生田長江共訳)、ルトウルノ『男女関係の進化』、ロマン・ロラン『民衆芸術論』、クロポトキン『相互扶助論』、同『革命家の思出』、ハード・ムーア『人間の正体』、ファーブル『昆虫記一』、同『自然科学の話』(安成四郎共訳)、同『科学の不思議』(伊藤野枝共訳)。

内田 魯庵〈うちだ・ろあん〉1868〜1929年
東京都台東区生まれ。小説家デビューののち、『罪と罰』などの翻訳も刊行、評論家としても活躍する。01年、丸善書籍部門の顧問になり、同社のＰＲ誌『學鐙』の編集に晩年まで携わる。『思い出す人々』(岩波文庫）に「最後の大杉」収載。

松下 芳男〈まつした・よしお〉1892〜1953年
新潟県新発田市生まれ。陸軍士官学校を卒業し、弘前連隊で中尉のとき、社会主義思想を抱いていると停職処分を受け退役。のち軍事評論家に。戦後は工学院大学教授となる。著書に『三代反戦運動史』ほか軍制史関係多数。

土岐 善麿〈とき・ぜんまろ〉1885〜1980年
東京都台東区生まれ。早稲田大学で回覧雑誌『北斗』同人となり短歌に精進、石川啄木と交友。大杉と知り、『近代思想』に寄稿する一方、雑誌『生活と芸術』を刊行。読売新聞社会部長から、朝日新聞に転じ、40年に退社。戦後、再び作歌に励み、早大教授、国語審議会会長。

近藤 憲二〈こんどう・けんじ〉1895〜1969年
兵庫県市島町生まれ。早大在学中、大杉らの平民講演会に参加、のち売文社に入社。３次にわたる『労働運動』刊行に尽力。大杉死後も第４次『労働運動』を発行するなどアナキズム運動を継続。『大杉栄全集』を安成とともに編纂。戦後、アナキスト連盟の書記長に就任。

馬場 孤蝶〈ばば・こちょう〉1869〜1940年
高知市生まれ。『文学界』同人として創作を始め、翻訳や「閨秀文学会」などにも活躍。慶大教授となり英文学を教える。大杉らの『近代思想』小集に正客として出席、運動に理解を示す。著作家協会など著作家の権利擁護にも努力。文芸評論や随筆集など著書が多数ある。

宮島 資夫〈みやじま・すけお〉1886〜1951年
東京都新宿区生まれ。10代のうち、種々の職業を転々としたが、14年、露店で買った『近代思想』から大杉らの同志例会に参加、アナキズム思想に共鳴する。16年、大正労働文学の佳作『坑夫』を刊行。葉山日蔭茶屋事件を機に大杉らから離反。のち文学からも離れて仏門に入る。

有島 生馬〈ありしま・いくま〉1882〜1974年
横浜市生まれ。洋行５年の間に伊・仏で美術を学び、セザンヌに傾倒する。帰国後『白樺』の同人となり、創作集『蝙蝠の如く』などを発表。14年、二科会を創立。大正期後半から次第に画業に専念。64年、文化功労者になる。兄の有島武郎、弟・里見弴も大杉と交際がある。

久米 正雄〈くめ・まさお〉1891〜1952年
長野県上田市生まれ。一高で同期の芥川龍之介、菊池寛らと第３・４次『新思潮』を発刊。夏目漱石の長女・筆子への失恋体験をもとに作品を多く発表し、人気作家に。新聞小説も「蛍草」ほか多作で、通俗小説の大家となる。戦中は文学報国会の事務局長。戦後、文芸雑誌『人間』を創刊。

（出生地はいずれも現在の行政区名）

著者略歴

山川　均〈やまかわ・ひとし〉1880～1958年
倉敷市生まれ。明治から昭和にかけての社会主義運動者。第１次共産党結成に参加。のちに労農派を形成して共産党と対抗、労農派マルクス主義の理論的支柱となる。31年以後は専ら評論活動。戦後は社会主義協会を結成し、左派社会党を支援した。

村木 源次郎〈むらき・げんじろう〉1890～1925年
横浜市生まれ。04年、横浜平民結社（のち曙会）結成に参加。赤旗事件で入獄後、アナキズム運動者に。17年、大杉栄の家に同居、以後も機関誌発行等に助力する。大杉虐殺の翌年、和田久太郎と震災時の戒厳司令官・福田雅太郎の暗殺をはかるが失敗。

安成 二郎〈やすなり・じろう〉1886～1974年
秋田県阿仁町生まれ。大杉らの『近代思想』編集に参画。生活派短歌の歌人として知られる一方、『実業之世界』編集長、読売新聞婦人部長を務める。平凡社勤務の後『大陸新報』にコラム、社説執筆。晩年、大杉栄の回想録『無政府地獄』を出版。

山崎 今朝弥〈やまざき・けさや〉1877～1954年
長野県岡谷市生まれ。03年に渡米し幸徳秋水らと知りあう。弁護士となり、社会運動者を支援。社会主義同盟の結成に尽力、自由法曹団の主要活動家で、戦後は顧問に。著書に『弁護士大安売』、『地震憲兵火事巡査』など。

和田 久太郎〈わだ・きゅうたろう〉1893～1928年
兵庫県明石市生まれ。12歳で大阪に出て、丁稚奉公。上京し、売文社に入社後、アナキズム運動に参加。久板卯之助とともに『労働新聞』を発行。大杉らと『労働運動』刊行に活躍。大杉ら虐殺の復讐に福田雅太郎を狙撃するが失敗。秋田刑務所で縊死。

賀川 豊彦〈かがわ・とよひこ〉1888 ～ 1960年
神戸市生まれ。米国プリンストン大学、同神学校に留学。帰国後、友愛会に参加、関西労働同盟会理事長となり、労働運動に活躍。やがて生活協同組合運動、農民運動に転じ、戦後は社会党結成に参加。著書『死線を越えて』は大正期のベストセラー。

岩佐 作太郎〈いわさ・さくたろう〉1879～1967年
千葉県長南町生まれ。01年渡米、在米13年の間にアナキズム運動に従事。帰国後、19年に上京し、大杉らの同志集会に参加。「演説会もらい」闘争や農民運動に奮闘。46年、日本アナキスト連盟全国委員長となる。著書に『革命断想』など。

堀　保子〈ほり・やすこ〉1879～1924年
茨城県下館市生まれ。堺利彦の先妻・美知子の妹。06年に結婚して以来、大杉を支えたが、16年3月に別居、12月、正式に離婚した。大杉の死の翌年3月、あとを追うように病没。

解説者略歴

大杉　豊〈おおすぎ・ゆたか〉　1939年、横浜市生まれ。
大杉栄が殺された当日に訪ねた弟が父であり、そこで生まれた。
東京都立大学社会学科卒業。東京放送（ＴＢＳ）入社、調査・
営業・編成部門を経て定年退職。東放学園専門学校・常磐大学
国際学部講師。編著書に『日録・大杉栄伝』（社会評論社）。

新編 大杉栄追想《おおすぎ さかえ ついそう》

大杉豊 解説

豊田卓 装丁・本文組版
園延統示 印刷設計

2013年９月１日　初版第１刷印刷
2013年９月16日　初版第１刷発行

発行者 豊田剛
発行所 合同会社土曜社 150-0034 東京都渋谷区代官山町14-6-301
www.doyosha.com
印刷・製本 中央精版印刷株式会社

Osugi Sakae Tsui-sou

This edition published in Japan
by DOYOSHA in 2013

14-6-301, Daikanyama, Shibuya, Tokyo, JAPAN

ISBN978-4-9905587-9-6　C0295
落丁・乱丁本は交換いたします

※　著者のうち一部の権利者と連絡が取れておりません
お心当たりの方は、発行所へ一報いただければ幸いです